红色广东丛书

广东红路

# 原中央苏区县

张勇华　陈申宏　邱锦炜　编著

·广州·

图书在版编目（CIP）数据

广东红路. 原中央苏区县 / 张勇华，陈申宏，邱锦炜编著. —广州：
广东人民出版社，2023.7
（红色广东丛书）
ISBN 978-7-218-16730-5

Ⅰ．①广… Ⅱ．①张… ②陈… ③邱… Ⅲ．①革命史—广东
Ⅳ．①K296.5

中国国家版本馆CIP数据核字（2023）第125536号

GUANGDONG HONGLU · YUAN ZHONGYANG SUQU XIAN

# 广东红路·原中央苏区县

张勇华 陈申宏 邱锦炜 编著

出 版 人：肖风华

责任编辑：梁 晖 黎 捷
封面设计：刘小锋 李卓琪
责任技编：周星奎 吴彦斌

出版发行：广东人民出版社
地　　址：广东省广州市越秀区大沙头四马路10号（邮政编码：510199）
电　　话：（020）85716809（总编室）
传　　真：（020）83289585
网　　址：http://www.gdpph.com
印　　刷：广东鹏腾宇文化创新有限公司
开　　本：787毫米×1092毫米　1/16
印　　张：11.25　字　　数：150千
版　　次：2023年7月第1版
印　　次：2023年7月第1次印刷
定　　价：52.00元

如发现印装质量问题，影响阅读，请与出版社（020-85716849）联系调换。

# 《红色广东丛书》编委会

主　编：陈建文

副主编：崔朝阳　李　斌　杨建伟　谭君铁

编　委：（以姓氏笔画为序）

王　涛　刘子健　李浩凌　肖风华

沈成飞　陈　飞　陈春华　林盛根

易　立　钟永宁　黄振位　曾庆榴

谢　涛　谢石南

# 总　序

百年征程波澜壮阔，百年大党风华正茂。习近平总书记在党史学习教育动员大会上指出："我们党的一百年，是矢志践行初心使命的一百年，是筚路蓝缕奠基立业的一百年，是创造辉煌开辟未来的一百年。"翻开风云激荡的百年党史，一代又一代中国共产党人，用鲜血和生命浸染了党旗国旗的鲜亮红色，书写了可歌可泣的历史篇章，铸就了彪炳史册的丰功伟绩。一百年来，党的红色薪火代代相传，革命精神历久弥坚，红色基因已深深根植于共产党人的血脉之中，成为我们党坚守初心、永葆本色的生命密码。

广东是一片红色的热土，不仅是近代民主革命的策源地，也是国内最早传播马克思主义、最早成立共产党早期组织的省份之一。在新民主主义革命的漫长历程中，广东党组织在中共中央的领导下，发动、组织和领导广东人民开展了一系列广泛而深远的革命斗争。1921年，广东党组织成立后，积极开展工人运动、青年运动，并点燃农民运动星火。第一、二、三次全国劳动大会连续在广州召开，全国工人运动的领导机关——中华全国总工会在广州诞生。中国社会主义青年团第一次全国代表大会在广州召开，促进了全国团组织的建立、发展。在"农民运动大王"彭湃领导下，农潮突起海陆丰影响全国。

1923年，中共中央机关一度迁至广州，中国共产党第三次全国代表大会在广州召开，推动形成了第一次国共合作，建立了国民革命联合战线，掀起了大革命的洪流。随后，在共产党人的建议下，黄埔军校在广州创办，周恩来等共产党人为军校的政治工作和政治教育作出了重要贡献，中国共产党也从黄埔军校开始探索从事军事活动。在共产党人的提议下，农民运动讲习所在广州开办，先后由彭湃、阮啸仙、毛泽东等共产党人主持，红色火种迅速播撒全国。1925年，广州和香港爆发省港大罢工，声援五卅运动，成为大革命高潮时期一个十分引人注目的重要斗争。1926年，在统一广东革命根据地后，国民革命军在广州誓师北伐，以共产党员为骨干的北伐先锋叶挺独立团所向披靡，铸就了铁军威名。在北伐战争胜利推进的同时，广东共产党组织和党领导的革命队伍迅速扩大和发展，全省工农群众运动也随之进入高潮。

1927年"四一二"反革命政变以后，广东共产党组织在全国较早打响反抗国民党反动派血腥屠杀的枪声，广州起义与南昌起义、秋收起义一起，成为中国共产党独立领导中国革命、创建人民军队的伟大开端。随后，广东党组织积极探索推进工农武装割据，在海陆丰建立第一个县级苏维埃政权，并率先开展土地革命，开启了中国共产党领导人民进行的最重大的社会变革。与此同时，广东中央苏区逐步创建和发展起来，为中国革命的发展作出了不可磨灭的贡献。1931年，连接上海中共中央机关与中央苏区的中央红色交通线开辟，交通线主干道穿越汕头、大埔，成功转移了一大批党的重要领导，传送了重要文件和物资，成为土地革命战争时期党的红色血脉。1934年，中央红军开始了举世瞩目的长征，广东是中央红军从中央苏区腹地实施战略转移后进入的第一个省份，中央红军在粤北转战21天，打开了继续前进的通道，成功走向最后的胜利。留守红军在赣粤边、闽粤边和琼崖地区进行了艰苦卓绝的游击战争，高举红旗永不倒。

抗战全面爆发后，中共中央和中共中央长江局、南方局十分重视和加强对广东党组织的领导，选派了张文彬等大批干部到广东工作。日军侵入广东以后，广东党组织奋起领导广东人民开展敌后抗日游击战争，成立了东江纵队、琼崖纵队、珠江纵队、广东人民抗日解放军、南路人民抗日解放军和韩江纵队等抗日武装，转战南粤辽阔大地，战斗足迹遍及70多个县市。华南敌后战场成为全国三大敌后抗日战场之一，党领导的广东人民抗日武装被誉为华南抗战的中流砥柱。香港沦陷以后，在中共中央的领导和周恩来等人的精心策划安排下，广东党组织冲破日军控制封锁，成功开展文化名人秘密大营救，将800多名被困香港的文化名人、爱国民主人士及家眷、国际友人等平安护送到大后方，书写了抗战史上的光辉一页。

解放战争时期，在中共中央的领导下，华南地区大力开展武装斗争，开辟出以广东为中心的七大块游击根据地，成立了中国人民解放军琼崖纵队、粤赣湘边纵队、闽粤赣边纵队、桂滇黔边纵队、粤中纵队、粤桂边纵队和粤桂湘边纵队等人民武装，其中仅广东武装部队就达到8万多人，相继解放了广东大部分农村，在全省1/3地区建立起人民政权，为广东和华南的解放创造了有利条件。在广东党组织的配合下，人民解放军南下大军发起解放广东之役，胜利的旗帜很快插遍祖国南疆。

革命烽火路，红星照南粤。广东见证了中国共产党从新生到大革命、土地革命，再到抗日战争、解放战争等革命斗争全过程。其间，毛泽东、周恩来、刘少奇、朱德、邓小平、叶剑英、彭德怀、刘伯承、贺龙、陈毅、聂荣臻、徐向前、李富春、粟裕、陈赓等老一辈革命家和李大钊、蔡和森、瞿秋白、陈延年、彭湃、叶挺、杨殷、邓发、张太雷、苏兆征、杨匏安、罗登贤、邓中夏、恽代英、萧楚女、阮啸仙、张文彬、左权、刘志丹、赵尚志等一大批革命先烈都在广东战斗过，千千万万广东优秀儿女也在革命斗争中抛头颅、洒热血，留下了光照千秋的革命历史和革命精神。广东这片红色热土，老区苏区遍布全省，大大小小的革命遗址分布各地，留下了宝贵而丰厚的红色文化历史遗产。

习近平总书记强调，中国革命历史是最好的营养剂。重温这部伟大历史能够受到党的初心使命、性质宗旨、理想信念的生动教育，必须铭记光辉历史、传承红色基因。我们有责任把党领导广东人民进行革命斗争的光辉历史和伟大功绩研究深、挖掘透、展示好，全面呈现广东红色文化历史，更好地以史铸魂、教育后人，让全省人民在缅怀英烈、铭记历史中汲取砥砺奋进的强大力量，让人们深刻认识红色政权来之不易，新中国来之不易，中国特色社会主义来之不易，确保红色江山的旗帜永远高高飘扬。

为充分挖掘广东红色文化资源的丰富内涵，我们组织省内党史、党校、社科、高校等专家学者，集智聚力分批次编写《红色广东丛书》。丛书按照点面结合、时空结合、雅俗结合原则，分为总论、人物、事件、地区、教育五个版块。总论版块图书，主要综述中国共产党在广东的革命斗争历史概况，人物版块图书主要讴歌广东红色人物，事件版块图书主要论说党领导广东人民开展革命斗争的历史事件，地区版块图书从地市和历史专题角度梳理广东地域红色文化，教育版块图书着力打造面向青少年及党员的红色主题教材。丛书以相关的文物、文献、档案、史料为依据，对近些年来广东红色文化资源研究成果做了一次全面系统梳理，我们希望这套丛书能为党史学习教育、革命传统教育、爱国主义教育提供重要内容支撑。

一切向前走，都不能忘记走过的路，走得再远、走到再光辉的未来，也不能忘记走过的过去，不能忘记为什么出发。站在"两个一百年"的历史交汇点上，我们要更加坚定自觉地学史明理、学史增信、学史崇德、学史力行，赓续红色血脉，传承红色基因，以一往无前的奋斗姿态、风雨无阻的精神状态，推动广东在全面建设社会主义现代化国家新征程中走在全国前列、创造新的辉煌。

《红色广东丛书》编委会

2021年6月

# 目录
Contents

梅县区

# 历史背景
Lishi Beijing

　　梅县位处广东省东北部，东部与东北部连接福建漳州、龙岩地区，西靠惠阳，南连潮汕，北邻江西赣州。梅县不但在经济方面，而且在政治方面、军事方面都具有重要的战略位置，是闽粤赣三省边陲要地。

　　梅县自南齐置县以来已有1500多年历史，现今全县总面积2755.36平方千米，总人口约62.7万人。居民绝大部分是客家人，一些人很早就到海外谋生，使梅县成为全国著名的侨乡。

　　梅县人富有革命斗争精神。1919年，五四爱国运动在北京爆发的消息传到梅县后，5月17日，梅县举行了游行。5月21日，梅县学生会发表通电："曹章卖国，死有余辜，乞电北廷严惩。并巴黎专使誓争回青岛。不达目的，宁退出和会，勿签字"。学生通过刊物宣传进步思想，如《新青年》《每周评论》《新潮》《晨报》等在梅县成为畅销读物，马克思主义开始在梅县的青年学子中广为传播。

1923年8月，彭湃来到梅县西阳等地宣传农民运动，对梅县农运斗争起到了先导作用。之后，梅县一批旅欧和在北京、上海、广州等地读书入党的大学生如熊锐、杨广存等人进一步传播了马克思主义思想和革命信息，推动了梅县革命的发展。许多进步团体在县城学校中建立，例如广益中学的反基督教大同盟、学艺中学的学生互助社、东山中学的学生救国运动团、县立师范的革新社和梅县革命青年团。这些进步团体培养了许多进步青年学生和工人骨干，为梅县建立中国共产党组织奠定了思想基础。

梅县党团组织的建立和革命运动的发展深受两次东征影响。1925年，东征军两次来梅，给梅县带来革命的种子。

第一次东征，周恩来、叶剑英、洪剑雄等人曾到梅县附城各中学作讲演，宣传新三民主义，从而推动了梅县革命运动的发展。1925年4月，周恩来参加了梅县商会东征祝捷大会，同时接受了梅县商会对东征军1万大洋的捐赠。在周恩来等人的指导下，各行业工会开始建立。10月前后，中共广东区委书记陈延年派张维以广东新学生社特派员身份来梅，张维又以教师职业掩护工作，在李世安协助下于11月成立了广东新学生社梅县分社，并以此为基础建立、发展党团组织。

第二次东征胜利后，1925年12月，在洪剑雄和张维的指导下，在梅城南门外八角亭，梅县首个中共党组织——中共梅县支部成立，东山中学学生会主席陈启昌和学艺中学学生会主席李仁华两位进步青年学生加入了中国共产党，中共梅县支部隶属于中共潮梅特委，书记张维，组织员陈启昌，宣传员李仁华。中共梅县支部首先在革命青年团成员中发展了蓝胜青、肖向荣、刘裕光、杨维玉、杨新元、胡明轩、古柏和肖啸安等人为党员，随即在各行业工会、学校、圩镇工会和江西的寻乌、福建的武平等地发展党员，建立党组织。梅县总工会、梅县妇女解放协会、梅县农民协会筹委会、梅县学生联合总会也先后成立。

1927年4月，国民党发动了"四一二"反革命政变，梅县的国民党右派代表侯标庆等人亦蠢蠢欲动，胁迫中间派县长温明卿尽快逮捕共产党人。针对此，中共梅县部委和共青团梅县地委于4月中旬联合组成武装斗争委员会，共同决定以武装暴动反击蒋介石的大屠杀，统一领导梅县、兴宁、五华、平远、寻乌等地的武装暴动。梅县党组织将梅县工人纠察队扩编组成150多人的工人武装纠察大队，各大圩镇亦成立了工人纠察队，发动了震撼粤东乃至闽粤赣边的梅县"五一二"武装暴动。暴动胜利后，成立了红色政权——梅县人民政府，并颁布了政纲，提出工人实行八小时工作制，废除苛捐杂税，提倡男女平等。由于反动势力的反扑，梅县人民政府只维持了7天，但却进行了武装夺取政权的尝试，具有重大影响和历史意义。

1927年9月底，朱德率领的南昌起义军到达大埔三河坝。在起义军的帮助下，李啸、王之伦等在松东三井首先建立了工农武装——广东工农革命军第八团。同年10月，从广州回梅的共产党员胡一声、郑天保率领梅县部分党员和梅南农民武装30多人上九龙嶂，与丰顺县张泰元、黎凤翔领导的农民武装会合，经中共东江特委批准，在丰顺九龙村柑子窝成立了广东工农革命军东路第十团（简称"十团"）。十团成立后，明确提出"唯一目的即举行土地革命"，号召农民团结起来，进行土地革命，创建了以九龙嶂为中心的农村革命根据地。十团以九龙嶂为据点，在梅县、丰顺边境的广阔农村，袭击官塘警察所，攻陷潘田团防，攻打丰顺县城，与国民党反动武装展开了针锋相对的斗争，并曾建立了丰顺第一个苏维埃政权。

1928年5月，梅（县）、兴（宁）、丰（顺）、（五）华、（大）埔五县的工农武装退却到九龙嶂，成立了以古大存为书记的五县暴动委员会。6月，由古大存等组织指挥，举行了震撼东江的畲坑暴动，胜利之后随即以十团的名义散发传单，号召失散的党员和革命同志到九龙嶂集合，随后成立了潮安、揭阳加入的七县联合委员会，推举古大存为书记。

1928年10月，以梅县为中心的梅埔丰边革命根据地创建。1929年春，梅县组建模范赤卫总队，各区乡组建赤卫队，武装斗争在全县各地轰轰烈烈展开。同年夏，梅县革命委员会在梅县成立，十团和县模范赤卫总队组成红四十六团，成为梅丰边九龙嶂革命根据地的主力红军，也是后来红十一军的主力。

1929年10月，红四军根据中央指示，由军长朱德、参谋长朱云卿、政治部主任陈毅率领三个纵队6000余人，由闽西上杭出发挺进东江。红四军在朱德率领下，于19日到达松源，歼灭国民党陈维远部一个营。25日攻下梅城，26日在梅城孔庙成立了毛泽东、朱德、古大存、朱子干等7人组成的东江革命委员会，颁布了《关于公布执行土地政纲的布告》。后因国民党军逼近，为避免损失，红四军撤至梅南滂溪、顺里、南坑和丰顺马图一带宿营休整。31日，红四军反攻梅城，后撤离梅县向平远、寻乌转移。为支持梅县苏区的斗争，红四军留下了梁锡祜、雷鸣远、康健、陈林等一批政治、军事骨干，并拨给一批枪支弹药充实梅县革命斗争的力量。

1930年2月，在各区乡成立苏维埃政府的基础上，梅县在梅南顺里村成立县苏维埃政府。县苏维埃政府设军事委员会、财政部、文教部、卫生部、总务部、经济委员会、土改委员会和人民法院等职能部门。梅县赤色区域内各区乡普遍建立了苏维埃政府，区级苏维埃政府有梅南、畲坑、松江等6个，乡级苏维埃政府有56个。

1930年5月1日，中国工农红军第十一军成立，军长古大存。1930年5月14日，红四军再度从闽西进入粤东北地区，红四军一纵政委彭祜指示梅县县委积极配合开展工作。梅县县委、县苏维埃政府实施了"红五月"暴动，红军与地方武装自5月中旬起，四处出击，捷报频传，迫使国民党驻梅毛维寿旅用两个团的兵力防守梅县县城。这时梅县苏区各项建设迎来了全盛时期，全县除梅城附近一二十里外，几乎全部赤红。

# 参观建议

Canguan Jianyi

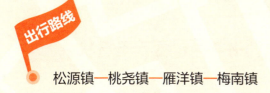

**出行路线**

松源镇—桃尧镇—雁洋镇—梅南镇

● **出行建议**

在松源镇的参观时间大约需要2小时，建议早上参观松源，午餐后前往桃尧镇。14点出发，大约14点30分可到达桃尧镇，参观约1小时。15点30分出发，16点30分抵达雁洋镇，参观叶剑英故居纪念馆约2小时，19点30分进入梅南镇住宿。第二天上午参观九龙嶂革命根据地，用时约3小时。

# 情况介绍

Qingkuang
Jieshao

 **历史现场一** **松源镇**

## 松茂楼——中共梅县松江区委员会机关旧址

### 看今朝

梅县区松源镇桥市村政家赖屋松茂楼是一座具有革命传统的"红楼"：它是原松江区委书记赖一能的故居，也是中共梅县松江区委员会机关旧址。2019年8月24日上午，中央苏区梅县松江区革命斗争纪念馆

松茂楼
（王继伟 摄）

在松茂楼揭牌，馆内展出 128 位曾在松江区参加革命斗争的人物的故事、历史图片等珍贵史料。[1]

## 思往昔

松茂楼是土地革命战争时期松源区党支部、松江区委机关驻地。大革命时期，梅县松源是闽粤边陲革命的发源地。区委书记赖一能在松茂楼组织筹划农会、赤卫队参加松口、丙村、西阳、梅城的工农武装暴动，组织举行隆文、宝坑、尧塘、桃源的农民武装暴动。1925 年，梅县督学杨雪如常到松源以督学身份秘密开展松源党建工作。至 1926 年春，杨雪如在松源发展刘雪明、赖一能、陈剑吾三人加入中国共产党。同年 6 月，经中共梅县特委批准，梅县第一个乡村级党组织——松源区党支部成立，赖一能任书记。1928 年 6 月，赖一能筹划并率区赤卫队 100 多人参加了闽西特委领导的上杭蛟洋乡农民武装暴动。1929 年，朱德率红四军 6000 多将士出击东江，首站进驻松源镇集结。梅县派出向导接送，并进行情报联络、宣传保卫、后勤补给等工作。红四军撤离时遭国民党军追杀，区委组织赤卫队与国民党军火拼十多天，为红四军撤离赢得了时间。松江区委多年来为县委输送了黄日斌、廖志能、黄联义等不少骨干到梅南、梅西等地任职。1946 年后，松茂楼成为闽粤赣边地下党游击队重要活动据点之一。[2]

## 一点通

梅县区松源镇是红四军入粤第一站，红四军在此与国民党军队展开过激烈的较量。松江区委领导打地主、分田地，获得农民的真诚拥护，传播了土地革命思想。

---

①② 资料为梅县区老促会秘书王继伟提供。

## ★ 历史现场二 桃尧镇

### 继述楼——珠玉村红四军医院旧址

**看今朝**

继述楼位于梅县区桃尧镇宝坑珠玉村，两进两层砖混结构，占地约为 2000 平方米。楼内的继述堂基本完好，主楼部分及附楼则年久失修。

继述楼（王继伟 摄）

**思往昔**

1929 年 10 月 19 日至 21 日，朱德等率红四军 6000 多将士，从闽西出击东江，在松源休整了五天半后，留下 150 多位红军伤病员在桃尧镇珠玉村继述堂及继述堂的附楼中治疗。1930 年 4 月，中共松江区委书记许益辉和松江区赤卫队财粮委员吴杨生到珠玉村探望红军伤病员，被一名反革命的村民认出并告密。福建永定峰市国民党民团陈荣光勾结国民党梅县松口水上警察一百多人，星夜包围珠玉村。许益辉率保卫红四军医院——继述楼的松江区第五赤卫队队员，和红军伤病员共同顽强抗敌。战斗非常惨烈，红军伤病员被打散，多数同志光荣牺牲。许益辉、吴杨生与部分红军伤病员和赤卫队队员突围后到达桃尧塔子李村益金楼，又被民团陈荣光部追兵包围，许益辉、吴杨生为掩护队员突围不幸被俘，不久在永定峰市惨遭杀害。

**一点通**

珠玉村红四军医院是红四军在松源战斗中的医务后勤保障，尽最快速度抢救战场上的伤员，尽最大努力让红军战士返回战场继续战斗，使在松源战场的红军保持高昂状的战斗意志。

## ★ 历史现场三　雁洋镇

### 叶剑英纪念园

#### 看今朝

叶剑英纪念园位于叶剑英元帅的故乡——梅县区雁洋镇虎形村，于 2007 年 5 月 13 日正式开园。叶剑英纪念园由叶剑英故居、叶家宗祠、纪念馆、纪念广场、题壁广场、泉井广场、诗林广场等构成。纪念园建设展现伟人风范、弘扬客家文化，将人文与生态融于一体。现在已经是全国著名的红色旅游景区、爱国主义教育示范基地。

叶剑英纪念馆分图片资料展室和实物展室，陈列展览了大量珍贵的照片和文物，展示了叶剑英元帅崇高的革命精神和辉煌的人生。

#### 思往昔

叶剑英（1897—1986），原名叶宜伟，字沧白，广东省梅县人。

叶剑英纪念园（陈文辉拍摄）

　　叶剑英从青年时代起就立志追求真理、救国救民。他投身于孙中山先生领导的民主主义革命，征讨桂系军阀，抗击陈炯明叛军，护卫孙中山脱险，参与创办黄埔军校，驰骋东征和北伐战场，成为国民革命军的名将。他从斗争实践中认识到，只有马克思列宁主义和中国共产党才能救中国。1927 年，在蒋介石和汪精卫相继背叛革命、大批共产党人惨遭杀害的严峻时刻，他毅然通电反蒋，加入中国共产党，由一个爱国的民主主义者转变为共产主义者。从此他对共产主义这一人类社会发展的最高理想坚信不疑，并为之执着地奋斗了一生。

　　在大革命失败后的白色恐怖中，叶剑英坚定机敏地策应南昌起义的组织准备工作，参加领导广州起义。这两次起义和秋收起义一起，成为第二次国内革命战争和创建人民军队的伟大开端。在中央苏区，他拥护毛泽东同志的正确路线，参与第二、第三、第四次反"围剿"的作战指挥，为红军建设作出重要贡献。长征途中，他坚决维护全党全军的团结，机智勇敢地同张国焘分裂红军、危害党中央的阴谋作斗争，为党中央和红军胜利北上立了大功。毛泽东同志后来曾多次称赞叶剑英同志在这一关键时刻"救了党，救了红军"。根据党中央的方针，他协助周恩来同志，促成西安事变的和平解决，

叶剑英故居

形成国共两党再次合作、一致抗日的局面。抗日战争爆发后，他先后到南京、武汉、长沙和重庆等地参加党的领导工作，坚持党的抗日主张和统一战线政策，积极扩大党的影响。回到延安军委总部后，他协助毛泽东、朱德同志指挥我军对日作战。抗战胜利后，他协助周恩来同志同国民党谈判，达成停止内战的协议。随后他领导中共代表团在北平进行军事调处，同国民党进行针锋相对的斗争，揭露国民党当局破坏停战、发动内战的真实面目。解放战争时期，他在晋西北领导中央后方委员会的工作，有力地保证了党中央和毛泽东同志转战陕北、指挥全军作战。他为北平的和

叶剑英纪念馆

平解放和接管做了大量工作。他指挥解放广东和海南岛的战役，夺取华南战场的最后胜利。

中华人民共和国成立后，叶剑英主持华南、中南地区工作期间，胜利完成了剿匪、土改、建立人民政权和恢复发展生产等各项任务。1954年后，他长期担任中央军委领导工作，创造性地运用毛泽东军事思想，领导和组织全军的教育训练，开拓军事科学研究，为建设现代化正规化的革命军队呕心沥血，成绩斐然。"文化大革命"期间，他坚决同林彪、江青反革命集团作斗争，为维护军队和全国的稳定，为抵制和纠正"文化大革命"的错误，奋不顾身，顽强努力。1976年，华国锋和叶剑英代表中央政治局，坐镇指挥，一举粉碎了祸国殃民的"四人帮"，延续十年之久的"文化大革命"到此结束。从危难中挽救了党，挽救了国家，挽救了中国的社会主义事业。叶剑英同志排除阻力，坚决主张请邓小平、陈云同志等老一辈革命家立即出来担任党和国家的领导工作，坚决主张平反一切冤假错案，坚决支持关于真理标准问题的讨论，为党的十一届三中全会确立正确的路线方针政策，实现党和国家工作的伟大历史性转折，作出了重要贡献。他全力支持邓小平同志开创的社会主义改革开放和现代化建设事业。他主持全国人大工作期间，有力地推动了新时期的民主法制建设。他在1979年1月主持全国人大常委会通过《告台湾同胞书》，又在1981年9月发表了著名谈话，进一步提出了实现和平统一的九条方针政策，对推动祖国统一大业的进程，起了重要作用。

在新的历史时期，他以身作则地推动党和国家领导干部的新老交替与合作，主动提出退出领导岗位。1986年逝世，享年89岁。

叶剑英光辉的一生都是在与时代共舞中锤炼而来，在革命时代中不断追求先进的革命思想，经历从旧民主主义革命到新民主主义革命的转变，从加入中国国民党到转入中国共产党。在面临重大考验时不顾个人安危，勇往直前显军人本色；在面临重大问题时不计较个人得失，善思善谋有良策；在面临重大挑战时从不退缩，勇于担当化危机。

### 一点通

叶剑英是久经考验的共产主义忠诚战士，坚定的马克思主义者，伟大的无产阶级革命家、政治家、军事家，中国人民解放军的缔造者之一，中华人民共和国的开国元勋，长期担任党、国家和军队重要领导职务的卓越领导人，十大元帅之一。

## ★ 历史现场四　梅南镇

### 九龙嶂革命纪念馆

#### 看今朝

九龙嶂位于丰顺县西北和梅县区之南交界处，东接铜鼓嶂，西邻鸿图嶂，南连潮州、揭阳，北通赣南，在粤东具有重要的战略地位。九龙嶂革命根据地范围包括今天梅县区的梅南、长沙、水车、畲江、白宫、西阳和三乡，丰顺县的建桥、丰良、龙岗、大龙华、砂田、小胜、潘田和黄金，梅兴埔丰五边山区。九龙嶂革命根据地的核心区域位于梅县区东南部的梅南镇，面积145平方千米，而九龙嶂革命纪念馆位于梅南镇

九龙嶂革命纪念馆

九龙村，建筑面积 300 平方米，陈列面积 100 平方米，于 2016 年被评为梅州市级爱国主义教育基地。馆内陈列有历史文物和历史图片，图文并茂，利用声、光、电现代科技手段，较为全面地展示了九龙嶂革命根据地的斗争历史。

## 思往昔

1927 年 10 月，为策应南昌起义军南下粤东，胡一声、郑天保等带领梅南农民武装 20 多人到九龙嶂，与丰顺县张泰元、黎凤翔等领导的农民武装会合，在九龙嶂九里畲成立广东工农革命军东路第十团，团长郑天保，党代表胡一声，创建以九龙嶂为中心的革命根据地，号召农民团结起来暴动。1928 年 5 月，在九龙嶂山区活动的革命军和工农武装，经过联络协商，成立梅县、兴宁、五华、丰顺和大埔五县暴动委员会。6 月举行畲坑暴动，震惊东江。接下来又有揭阳、潮安加入，称"七县暴委"，古大存为书记，以九龙嶂为中心的革命根据地得到较大发展。1929 年 6 月，梅丰边的十团、兴宁的十二团、五华的七团、梅埔边的十五团等工农武装组成红军四十六团。10 月，在梅南水美成立东江工农红军总指挥部，中共东江特委军委书记古大存为总指挥。

## 一点通

梅县革命曾遭受重大损失，但在古大存的统一指挥下，被打散的革命力量又重新组合起来，九龙嶂革命根据地逐渐形成，它吸引了梅县附近的潮惠革命武装力量，成为东江革命的一面红旗，对粤东北的土地革命起到了巨大的推动作用。

梅江区

# 历史背景
Lishi Beijing

　　1988年，从梅县析出梅江流域322.9平方米，成立梅江区。2012年9月，经省政府同意，再将梅县西阳镇划归梅江区管辖，至此，梅江区行政区域总面积为570.6平方千米。因而，梅江区革命历史承继了梅县区革命历史，对于革命历史的语言描述，其中涉及梅县、梅城等，包含了当下的梅县区、梅江区的地理范围。

　　1925年，东征军两次来梅。1925年12月，中共梅县支部在梅城成立。事先，陈启昌、李仁华在南门八角亭经洪剑雄、张维共同介绍加入中国共产党，当晚在县政府公署洪剑雄住处召开支部成立会议，参加者洪剑雄、张维、陈启昌、李仁华以及驻军中的三位中共党员共七人，会议决定正式成立中国共产党梅县支部，并决定由张维任书记，陈启昌为组织员，李仁华为宣传员。

　　此后，党、团组织由梅城发展到乡镇，梅江区西阳、白宫等地党团组织先后成立。西阳、白宫党组织最先由李碧、李安发在正本学校（赛良学校）以教书为掩护开展宣传工作，迅速在周边教师、工友、农友中得到发展，1926年8月，成立了以林一青为支部书记，李喜渊为组织委员，丘亮华为宣传委员，赵松信、吴耀桂、吴天民、李安发、张平、蔡婉珍等为成员的西阳白宫党支部，共青团组织由张平负责。胡一声、郑天保从广州回梅县梅南家乡，将母校龙文公学改办为梅南中学，并介绍原教员吕君伟、黎学仁、熊光、古九成、胡志文、郑德云、郑国安等入党，再由广州调回廖祝华、吴锡燊为梅南中学教员，从而成立了以廖祝华为支部书记的中共梅南支部。1926年4月，经广东区委批准，中共梅县支部升格为中共梅县特别支部，党特支书记张维，组织委员陈启昌（后吴健民），宣传委员贺遵道（后杨广存）；团特支书记陈启昌，组织委员杨燊元（杨维玉），宣传委员李仁华。至1926年夏，全县党员已发展至80多人。1927年1月，中共梅县特支升级为部委，部委书记刘标燊，组织部长张维，宣传部长吴健民，下辖梅县、兴宁、平远、蕉岭、寻乌、武平等县党、团组织，梅江区成为闽粤赣边区党团组织的领导核心地区。

1927年4月，蒋介石发动"四一二"反革命政变，梅县的反革命分子也随之猖狂起来，限令总工会搬迁，催促县长温明卿捕捉共产党人。在日益紧张的形势下，4月15日广州又发生反革命大屠杀，中共广东区委为免遭破坏，以便继续领导各地斗争，决定秘密迁往香港，梅县党组织与上级党组织失去了联系。紧急关头，中共梅县部委和共青团梅县地委于4月中旬召开联席会议，决定开展武装斗争，成立武装斗争委员会，书记刘标燊，武装组织部长陈启昌，政治宣传部长张维，委员杨雪如、李仁华、古柏、卢其新等，统一领导全县暴动。

5月1日，在武装斗争委员会领导下，梅城及西阳、丙村、畲坑、南口、大坪、白渡等地工人、农民、学生在今梅江区的梅城集会示威。梅城党组织130多名武装人员，于5月12日下午5时左右，同时突袭，解除三处的国民党地方武装，缴枪200多支，县长温明卿出逃。与此同时，丙村、松口、畲江、西阳、白宫等地的工农武装也相继举行了暴动，攻占了各区公所，缴获反动武装一批军械。5月13日，在东较场召开群众大会，庆祝暴动成功，在县公署召开各界代表大会，成立梅县人民政府委员会，周静渊为主席，林一青、钟贯鲁、李铁民、朱仰能等为委员，并颁布政纲，提出工人实行八小时工作制，提倡男女平等，废除苛捐杂税等政治主张。5月17日，武装斗争委员会得悉国民党军队宋世科团已从五华岐岭启程来梅"镇压"，为保存革命力量，县人民政府委员会各机关及在城的群众团体疏散至梅北石扇和西阳、白宫、明山一带隐蔽，武装队伍撤离到城北杨文。于次日下午回袭梅城，破监救出被囚禁的400多人。上述梅县武装暴动与斗争，史称梅城"五一二"工人武装暴动。武装暴动夺取了政权，建立了梅县人民政府，打响了武装反抗国民党右派的第一枪，进行了建立工农革命政权的尝试，具有一定的历史意义。

1927年8月1日，南昌起义打响了武装反抗国民党反动派的第一枪，揭开了土地革命战争的序幕。9月底，朱德率领的起义军到达大埔三河坝。在起义军的帮助下，李啸、王之伦等在松东三井以农民自卫军为基础，首先建立了工农武装——广东工农革命军东路第八团。同年10月，从广州回梅的共产党员胡一声、郑天保率领梅南农民武装20多人上九龙嶂，与丰顺县黎凤翔等领导的农民军会合，经中共东江特委批准，在九里岌成立了广东工农革命军东路第十团（简称"十团"），在九龙嶂顶井头窝凹大坪上举行成立典礼，郑天保为团长，张泰元为副团长，胡一声为党代表。十团成立后，明确提出"唯一目的即实行土地革命"，号召农民团结起来，进行土地革命，创建了以九龙嶂为中心的农村革命根据地。

1928年2月，国民党反动军队对工农武装进行多次疯狂"围剿"，白色恐怖笼罩全县，革命暂时受到挫折。同年5月，梅、兴、丰、华、埔五县的工农武装退却到九龙嶂，成立了以古大存为书记的五县暴动委员会。6月，由古大存等组织指挥，举行了震撼东江的畲坑暴动。

畲坑暴动胜利之后，革命斗争迅速发展。梅县县委派出苏光等六位同志分别到梅南、九龙嶂、小桑、南顺、水美等地开展农民运动。梅南、白渡、梅西、松源、三井等地相继发生农民格杀下乡收租地主事件。10月成立了铜山区革命委员会，初创了以梅县为中心的梅埔丰边革命根据地。1929年春，梅县组建模范赤卫总队，各区乡组建赤卫队，武装斗争在全县各地轰轰烈烈展开。同年夏，梅县革命委员会在梅县成立，在县模范赤卫总队的基础上，先后成立了梅南、梅西、松江区区联队。梅三区、梅四区与（大）埔西区、丰（顺）五区联合组成了梅埔丰边区四区联队，在以九龙嶂为中心的梅埔丰边区完善根据地各项建设，开辟新的革命据点。

1929年10月，红四军根据中央指示，由军长朱德、参谋长朱云卿、前委书记陈毅率领3个纵队6000余人，由闽西上杭出发挺进东江。梅县县委提示松江区委派出向导到武平象洞带领红四军。在朱德率领下，红四军于19日到达松源，首战告捷，歼灭国民党陈维远部1个营。25日攻下梅城，26日在今梅江区的梅城孔庙成立了毛泽东、朱德、古大存、朱子干等7人组成的东江革命委员会，颁布了《关于公布执行土地政纲的布告》，同日在今梅江区的梅城孔庙召开各界群众大会，朱德军长作演讲，宣传共产党和红军的宗旨、政策和主张，号召大家武装起来，建立苏维埃，打土豪、分田地，受到广大群众的热烈拥护。仅26日梅城工商界就给红四军筹集到军饷20150元。当天下午，由于国民党军3个团逼近梅城，为避免损失，红四军撤至梅南滂溪、顺里、南坑和丰顺马图一带宿营休整。31日，红四军反攻梅城，后撤离梅县向平远、寻邬转移。为支持梅县苏区的斗争，红四军留下了梁锡祐、雷鸣远、康健、陈林等一批政治、军事骨干，并拨给一批枪支弹药充实梅县革命斗争的力量。红四军留下的骨干及官兵100多人与梅县农军十团和县模范赤卫总队汇合坚持在九龙嶂活动的大埔农军十六团及兴宁、五华、丰顺的武装合组为工农红军第六军第十六师第四十六团（简称"红四十六团"），夯实了含梅江区在内的梅埔丰边区土地革命斗争的基础。

1930年5月1日，东江第一次工农兵代表大会在丰顺八乡山召开，成立东江苏维埃政府与古大存任军长的东江工农红军第十一军，这标志着东江苏区的形成。1930年5月14日，红四军再度从闽西进入粤东北地区，红四军一纵政委彭祜指示梅县县委积极配合开展工作。梅县县委、县苏维埃政府实施了"红五月"暴动，红军与地方武装自5月中旬起，四处出击，捷报频传，迫使国民党驻梅毛维寿旅用两个团的兵力防守梅县县城。这时与梅县同为整体的梅江区，苏区的各项建设迎来了全盛时期，全县除梅城附近一二十里外，几乎全部赤红。

同年12月，梅县、丰顺两县党组织合并，成立中共梅丰县委（书记黎果），并先后成立梅丰苏维埃政府（主席叶明章）、共青团梅丰县委（书记李豪）、梅丰赤卫大队（队长黎通），成为粤东北一块完整的苏区。不久，县委及苏维埃政府机关迁至梅江区的长沙镇陈公坪，梅江区成为梅丰苏区的指挥中心。

1931年1月15日，中共苏区中央局成立后，在《苏区中央局通告（第一号）》中，对闽粤赣根据地的区域作了明确的阐述，划定该根据地实际控制的范围包括"闽西、广东东北、赣东南一部分"。同年4月4日，《中央给闽粤赣特委信》中明确指出"闽粤赣是整个中央区的一部分"，"中央区"，即是中央苏区。与梅县同为整体的梅江区，在梅丰县苏区县委的领导下，成为中共中央明确的中央区范围。

# 参观建议

Canguan Jianyi

金山街道—城北镇

### 出行建议

　　梅江区是梅州城区的组成部分，城区交通繁忙，加上停车难的问题，乘坐公交车和出租车更加快捷。

# 情况介绍
Qingkuang Jieshao

**★ 历史现场一　金山街道**

## 南门八角亭——梅县第一个中共支部成立旧址

### 看今朝

八角亭位于梅江区义化路南端（现梅江区政府对面），亭台高筑，八柱八角，三重檐，八角攒尖顶，绿色琉璃瓦面，雕檐画栋，精工彩绘。占地面积

八角亭（陈文辉提供）

约100平方米。始建于清乾隆十一年（1746），道光二十九年（1849）重修。1980年7月12日，梅州市革命委员会将八角亭定为市重点文物保护单位；2011年12月，梅江区人民政府拨款维修，定为梅江区重点文物保护单位。

### 思往昔

1925年10月，中共广东区委委派广东大学学生、共产党员张准，以新学生社特派员的公开身份，到梅县开展工作，在八角亭成立新学生社梅县分社。其时东山中学、学艺中学和女子师范学校等进步学生纷纷入社，其中有肖向荣（曾任国防部办公厅主任，中将军衔）等。12月，第二次东征队伍抵梅县后，张维与国民革命军十四师政治部主任、共产党员洪剑雄等在八角亭建立中共梅县支部，介绍陈启昌、李仁华成为梅县第一批共产党员，党团机关亦设在八角亭，时为革命活动中心。中共梅县支部机关成立不久，从八角亭迁到东门塘针咀巷侯屋"华庐"。1926年4月，中共梅县支部经广东区委批准，升格为中共梅县特别支部，由广东区委直接领导。

### 一点通

八角亭在古代为迎接外来高级官员的地方，在革命年代成为梅县第一个中共支部的诞生地，革命活动在党的统一领导下迅速开展，有力地推动了全县工农群众运动的发展，开创了革命新局面。

## 学宫——朱德演讲旧地

### 看今朝

　　梅州学宫位于梅州城区江北凌风西路，占地面积为5879平方米。旧址于1978年11月16日被梅县革命委员会公布为梅县重点文物保护单位，2000年被梅州市人民政府公布为梅州市文物保护单位，2002年学宫原址进行修旧如旧重建，2008年公布为梅州市爱国主义教育基地。2021年2月，改建为梅江区博物馆，免费向社会公众开放。

学宫——朱德演讲旧地

## 思往昔

1929年10月25日，朱德率红四军由福建上杭攻占梅城，军部驻孔庙。10月26日，梅县县委书记廖白偕县委秘书黄耀寰、干部陈任之等赤卫队队员二三十人及东江革命委员会机关，一同由梅南开进县城，住孔庙明伦堂，随即协助红四军进行宣传、筹款、采购等工作。26日下午，东江革命委员会在梅城孔庙召开群众大会，到会者六七百人，朱德在梅城孔庙大成殿前向群众进行宣讲。突然，东较场方向传来枪声，朱德叫大家不要惊慌，说："革命是一定要成功的，以后再与大家见面。"随即宣布散会。留两个大队阻击国民党军，掩护全军撤退。

1929年10月30日，红四军从南坑和丰顺马图乡返回梅南，决定第二次攻梅城。当晚，红四军司令部召开战前会议，采纳了参谋长朱云卿关于直攻梅城的建议，同时决定：三纵从城西正面主攻；一纵城北迂回包抄；二纵为总后备队。31日凌晨，红四军开始从梅南的滂溪出发，在轩坑坝涉水渡江，经大沙尾，到荷树岗折向小路，后经铁炉桥到教子岃，再经高峰桥到程江桥，至上午10点，西起上市十甲尾，东至下市东山角，红四军三个纵队已把梅城东西北三面包围。随后，战斗首先在城西中华路新庙前打响。战斗异常激烈，白军想向东突围，但被二纵压回城内，从西阳来增援的白军营长甘露在盘龙桥被二纵击毙。三纵冲至中华路新庙前、萝卜坪、辅庭路的水浪口共几十次，冲进新街三次，至下午3点，仍未能进入城内。军长朱德做出新方案，把攻击重点由城西转移到北门和金山顶。这两地也易守难攻，战斗到下午5点，罗荣桓受伤，且死伤者众，仍难攻下梅城，又闻国民党军的援军将到，朱德乃下令停战并向城北方向撤离。

**一点通**

红四军进军东江预定的战略任务因反攻梅城失利而未能完成。但这一军事行动对东江地区的革命影响仍是深远的，它打击了国民党军的气焰，充实了东江革命武装力量，扩大了共产党和红军的政治影响力，激发了人民的斗志，推动了土地革命。

## ★ 历史现场二　城北镇

### 唐润元故居——中共地下印刷厂旧址

**看今朝**

唐润元故居位于梅江区城北镇扎上村，占地2600平方米。

**思往昔**

唐润元于1906年4月出生于梅县区城北镇扎上村，曾任中共梅县县委委员。1923年至1928年，在其住所开设印刷厂，印刷宣传资料、土地证等资料，进行地下革命活动。他于1927年4月加入中国共产党。

唐润元故居

## 唐润元的故事 ★

唐润元的父亲唐容树，以制皮革为生；生母谢氏，因生活困苦早逝；继母张氏，在家从事农业生产。唐润元家中姐弟共九人，他排行第四。他从小性格淳厚、聪明能干，且写得一手漂亮的毛笔字，于学艺中学毕业后参加革命。由于唐润元家地处山区，又离城区不远，当时的梅县县委将临时办事处设在唐润元家。时任县委书记杨广存、县委委员林森端等人白天以制皮革为掩护，晚上则在油灯下油印革命资料和传单，经常披星戴月将传单和资料送到梅城各个据点。由于被人告密，1928年4月29日凌晨，国民党反动派组织军警突袭了梅县县委临时办事处，杨广存、林森端、唐润元等人被捕，受株连被捕的还有30多名唐、黄两姓干部群众，一时白色恐怖弥漫整个梅县。在监狱里，唐润元受到国民党反动派的严刑拷打，但始终未对敌人透露党组织的任何机密，凸显了对党绝对的忠诚和宁死不屈的高尚品质。1928年5月5日，唐润元被国民党反动派杀害，牺牲时年仅22岁。

唐润元烈士故居揭牌仪式（梅江区城北镇政府提供）

### 一点通

党的一大通过的《关于中国共产党任务的第一个决议》中提出"每个地方组织均有权出版地方的通报、日报、周刊、传单和通告。不论中央和地方出版的一切出版物，其出版工作均应受党员的领导"。唐润元组织党员在自己家里秘密印刷中共的革命资料和宣传资料，送到梅州各革命据点，为梅州的革命事业起到了促进的作用。

大埔县

# 历史背景

Lishi Beijing

　　1927年8月，中共大埔县部委为策应南昌起义军南下，组建大埔县暴动委员会，进一步发动工农暴动。南昌起义军进驻茶阳后，成立大埔县工农革命政府。时革命力量控制全县，建立了附城区、高陂区、百侯区、埔西（大麻、三河）区革命政权。10月初，南昌起义军第十一军二十五师、第九军教导团以及大埔农军在朱德等指挥下，据守三沙坝，阻击牵制由梅县而来的国民党军。南昌起义军三河坝战役的硝烟、战火，使配合战斗的中共大埔各级组织、农军、民众得到锻炼。

　　1929年春，毛泽东、朱德、陈毅等率红四军主力下井冈山，游击赣南、闽西。3月20日，前委在长汀召开会议，制定扩展游击区域规划。这标志着红四军正式拉开了创建以赣南、闽西为主要区域的中央革命根据地的序幕。1929年，驻大埔西南部洲瑞赤水的中共大埔县委，领导十五团第二营恢复埔西的斗争，创建了铜山根据地。中共大埔县委健全了高陂、埔北、三河、大麻四区的工作。从埔东转入闽南的党员与部分骨干，在福建省委领导下，成立饶（平）大（埔）特委。温仰春、陈顺凡等成立中共闽粤边临委（有称饶和埔中心县委），在埔东西岩山一带恢复党的活动基础上，建立了中共梅河特支。

1929年10月，红四军出击粤东北，红四军第二纵队在张恨秋、刘安恭率领下出击大埔。纵队司令员刘安恭及指战员20多人牺牲在大埔虎市。在红四军游击埔北的影响与推动下，中共埔北区委在先后建立长北乡、长中乡、长东乡苏维埃政府的基础上，建立埔北区苏维埃政府。

大埔县委机关报《时报》1929年11月28日刊载，红四军在粤东北成立了朱德、毛泽东、古大存、刘光厦、朱子干、陈魁亚、陈海壬等21人组成的东江革命委员会，并颁布《十大政纲》。这些为大埔县革命根据地的进一步扩展奠定了基础。1930年1月，大埔县革命委员会成立，领导根据地与政权建设。埔东、埔西、埔南、埔北先后建立4个区苏维埃政府30多个乡苏维埃政府。1930年5月，大埔代表参加丰顺八乡山召开的东江工农兵代表大会后，回大埔成立了大埔县苏维埃政府，谢卓元任主席。此时，大埔苏区正式形成。

1930年9月，中共中央为加强上海中央机关与中央苏区的联系，决定在原粤东闽西"工农通讯社交通网"的基础上建立经上海—香港—汕头—大埔—闽西永定—瑞金的中央秘密交通线，在青溪里铺设立大埔中站。大埔党组织积极协助中央建立交通线。中央秘密交通线建立后，埔北苏区直属于闽粤赣苏区省委领导。这条交通线被称为"摧不垮，打不掉的地下航线"。

1930年11月，中共闽西特委与中共东江特委合并组成中共闽粤赣边特委。这年冬，配合创建闽粤赣苏区，饶（平）（平）和（大）埔苏区各县党组织统一成立饶和埔县委，丘宗海任书记，成立饶和埔县革命委员会，刘振群任主席。饶和埔全县苏区统一划为十一个区，大埔境为第八区（埔北）、第九区（埔东）、第十区（埔南）、第十一区（为埔南与饶平两区瓷业区），组建区委、区乡苏维埃政府，并成立共青团饶和埔县委，归闽粤赣边区闽西苏区领导。

1931年2月8日，饶和埔县在大埔大产泮村召开了工农兵贫民代表大会，通过政府法令，成立以陈彩芹为主席的饶和埔县苏维埃政府。大埔县成为闽西苏区领导的饶和埔县苏区中心区。闽西苏维埃政府对饶和埔苏区的红军改编、财政等工作作出部署。

1931年，国民党军发动对中央苏区的第二次大"围剿"后，埔北在闽粤赣省委直接领导下，成立埔四区、埔五区两区。1931年夏，为配合中央苏区准备粉碎国民党军的第三次"围剿"，大埔苏区积极筹钱筹粮支援中央苏区红军。7月，中央苏区第三次反"围剿"中，中央主力红军由闽西转战赣南。在中央精神的指导下，闽粤赣苏区及时打通了与大埔苏区的联系，赣西南、闽粤赣苏区很快连成一片。

1932年春，闽粤赣省委改福建省委后，大埔县境内苏区归福建省委领导。此时，中共苏区中央局根据大埔与饶和埔苏区处于中央苏区东南端，大埔是唯一能通往中央苏区的秘密交通线必经之地的特殊位置，对大埔等苏区的工作进行部署。根据中共苏区中央局的要求，福建省苏维埃政府对大埔等苏区工作也加强领导，大埔县境内各苏区的工作得到发展。

土地革命战争时期，大埔县在中央苏维埃政府的领导下，全县人民开展了轰轰烈烈的打土豪、分田地运动，积极筹集钱粮支援苏区红军，并发动广大青年参加红军。大埔人民为中央苏区的巩固与发展作出巨大贡献的同时，也付出了巨大的牺牲。

# 参观建议

Canguan Jianyi

**出行路线**

青溪镇—茶阳镇—三河镇—枫朗镇

● **出行建议**

进入梅州后，早上8点自驾从梅州市人民政府出发到大埔县青溪镇，约9点30分左右抵达，参观大约需3小时，建议在当地用午餐。14点从青溪镇出发，14点30分左右抵达茶阳镇，参观高乾苏维埃政府旧址。在茶阳镇休息一晚。第二天早上8点从茶阳镇出发，约9点抵达三河镇三河坝战役纪念园，参观时间大约2小时。午餐后，14点出发，15点左右到达枫朗镇，参观中共大埔县委、饶和埔县委旧址。在枫朗镇用晚餐后返回梅州城区。

# 情况介绍

Qingkuang
Jieshao

## ★ 历史现场一　青溪镇

### 中央秘密交通线大埔中站遗址

#### 看今朝

中央秘密交通线大埔中站遗址位于大埔县西北部青溪镇汀江河畔，为粤闽两省和梅县、永定、大埔三

大埔青溪棣萼楼（陈文辉拍摄）

县交界地，大埔中站遗址主要包括中转站和秘密仓库（棣萼楼）、中央秘密交通线纪念园和虎市多宝坑小站革命遗址（邹日祥旧居）等三个。永丰商号的旧址于1987年因建广东省青溪水电厂大坝已全部消失，现仅存"永丰"号牌匾。

### 思往昔

1930年党中央成立中共中央交通局，下设长江、北方、南方三条主要交通线，开辟苏区与白区衔接的交通线。香港设华南总站，大埔设中站，由卢伟良负责。同年冬天，建成从上海经香港、汕头到大埔青溪进入闽西苏区的唯一交通线。这条交通线沟通党中央和苏区的内外联系，曾护送周恩来、邓小平等200多名中国共产党军政要人到达中央苏区。交通线还为苏区运送了大批军用器材、物资、药品和给养等。1934年10月长征时，部分交通员奉命参加长征，部分人员入编闽西工农通讯站。这条交通线，是苏区党组织最早开辟的，也是唯一一条自始至终没有被敌人破坏的交通线，被誉为"摧不垮，打不掉的地下航线"。大埔中站下有多宝坑、铁坑小站，在茶阳开设同丰杂货店、同丰饭店，青溪沙岗头永丰号为交通站。交通站永丰号是大埔中站的一个重要联络点，屹立在敌人虎口，经受了严峻的考验。棣萼楼为交通站中比较重要的点，战略物资如枪支、弹药、粮食、物品、药物等先从汕头运到棣萼楼存放，再从棣萼楼转往江西瑞金。

### 一点通

中央秘密交通线是在白色恐怖之下发展出来的重要交通要道，是物资运送通道和储存转运点，也是信息中转站，在支援中央苏区革命斗争中有着独特的作用，为革命的胜利作出了特殊贡献。

## ★ 历史现场二　茶阳镇

## 昭稳堂——苏维埃政府旧址

### 看今朝

高乾村位于大埔县茶阳镇茅坪偏僻处，距离茶阳镇27千米，北邻福建永定县。

高乾村处于群山包围之中，在高乾村曾先后三次成立苏维埃政府，即长北乡苏维埃政府、埔北区苏维埃政府、埔五区苏维埃政府。苏维埃政府旧址在昭稳堂，1956年进行过修缮，占地面积237平方米。昭稳堂额前挂"昭稳堂"匾，堂前悬挂"原苏维埃政府办公室""原闽粤赣苏区赤卫四团三营九连交通处办公室"竖牌，堂左右侧悬挂着刘永生、张鼎丞、邓子恢、方方、魏金水、张昭娣、严达段等革命同志像。

昭稳堂东侧为一排新建屋，是埔北区苏维埃政府

昭稳堂（何日胜拍摄）

纪念馆，展览分为"中央苏区""星火燎原""赤帜高扬""艰难岁月""光照日月""黎明曝光"六个部分。

### 思往昔

1927年"四一二"反革命政变后，中国革命转入低潮阶段。大埔青溪教员张鼎臣加入中国共产党，不久后，就接受党组织指派，以金砂公学为基地，以教员身份作掩护，领导革命斗争。1927年9月，在金砂西湖寨成立中共溪南支部，张鼎臣为支部书记。后在金砂公学又成立了中共永定县委，张鼎臣为常委，分管全县农民运动工作和溪南片的革命斗争。张鼎臣经常深入闽粤边开展革命工作，其间对来自高乾村的严秉琛、严衍期、严秉沛等先进青年进行马克思主义革命教育，秘密介绍他们入党。之后，他们返回高乾村筹建农民协会，发展了18位会员，达到了户户有会员。随后，又筹建了中共高乾村支部，严秉琛任支部书记。支部党员经常向群众宣讲革命道理，进行了形式多样的斗争。如进行了"反对冠婚丧祭屠宰捐（税）""借粮度荒""分粮吃大户"等斗争，还开展了抗租抗捐、减租减息、烧地契废债务、开仓分粮食等斗争。此外，还领导农协会员抵抗石田、茅坪民团的武装斗争，组织攻打永定县城营救被捕同志。1928年，在县委的统一部署下，中共高乾村支部组织了20多名青年参加了农军溪南暴动，攻打永定县城。在暴动武装撤出永定县城后，他们回到高乾村组织高乾赤卫队，参加了工农革命军四十八团，开展反"清乡"斗争。1928年8月，高乾村群众革命热情高涨，成立组织条件成熟。经过永定县溪南区苏维埃政府批准成立长北乡苏维埃政府。长北乡苏维埃政府带领农民开展轰轰烈烈的土改分田运动，在此影响下，周边的太宁、长治伯公凹等村相继建立苏维埃政府。

1929年5月，毛泽东、朱德率领红四军解放永定县城。在张鼎臣领导下，高乾村与上下斜、东溪、龙门等地农民武装乘胜扫清了溪南的反动民团势力。在大埔县革命委员会主席谢卓元等人的领导下，在高乾村成立埔北区苏维埃政府，选谢宽怀为主席。随后，根据永定暴动时制定的分田地的经验组织分田地斗争。

1931年12月，时任长北乡苏维埃政府妇女主任赖海堂的家，遭到了古村民团和团匪的"清剿"。民团和团匪从赖海堂家搜出一面红旗，据此要挟她交出本村党员和苏维埃政府人员名单。面对敌人的威胁，赖海堂宁死不屈。敌人残忍地轮奸了她，并将她和丈夫押送到大埔长治石田。他们最终壮烈牺牲。

革命处于艰难时刻，上级决定派赖发明和张大茂到村里做地下工作，鼓励和发动人民群众坚持斗争。此后，大埔县委和县苏维埃政府批准成立埔五区苏维埃政府，办公地点还是昭稳堂。为了更好地开展革命工作，在下山岗和后山珠崇顶上分别设置了一个烽火台，派人在高处瞭望，一旦发现永定、大埔方向的敌情，就及时点燃烽火，向上下斜、樟尧、兰地等地方的游击队报告敌人来袭的情报。因此，高乾成了埔北红色革命根据地的中心。

1932年春，毛泽东率领红军攻克漳州。埔五区苏维埃政府率领赤卫队配合红十二军、永定独立团开辟了永埔边斗争的新区，高乾村成为打通粤东与永定联系的纽带。在张鼎臣、邓子恢、李天飞等人的领导下，高乾村成为了打击国民党反动势力的指挥中心，同时也成为闽粤交通线的枢纽站。

在三年游击战争中，因为闽西军政委员会参谋长朱森叛变，高乾村苏区遭到了大埔、永定伪县府的"镇压"，全村被洗劫一空。全面抗日战争时期，高乾村一度成为闽粤赣边抗日救国救亡的指挥中心。解放战争时期，为保护白叶凹、南寨、茅科、上下斜、坪上、高乾、茶阳及韩江上游的闽粤交通线，高乾成为闽粤赣苏区赤卫团第四团第三营第九连驻扎地。

### 一点通

高乾村地处闽粤边区，村民积极参加革命，高乾村逐渐成为浦北革命根据地中心，最后又成为闽粤边斗争的指挥中心。高乾村在闽粤边的斗争中起着重要的桥梁纽带作用。

★ **历史现场三** 三河镇

## 三河坝战役纪念园

### 看今朝

三河坝战役遗址位于大埔县西部三河镇汀江、梅江和梅潭河汇合之处韩江源头东岸东村笔枝尾山顶，坐南向北，背倚青山，面朝浩瀚韩江，左下侧为三河镇圩市，右侧可远眺当年"八一"起义军作战指挥部——田氏宗祠，笔枝尾山总面积达18万平方米，是

1963 年兴建的纪念碑

八一起义军三河坝战役纪念馆

历代兵家必争之地。1963年12月在当年三河坝战役主战场所在地建了一座八一起义军三河坝战役烈士纪念碑，纪念碑高15米，用35种规格的356块花岗石砌成。1974年，在纪念碑所在地笔枝尾山建造了八一南昌起义军三河坝战役烈士陵园。纪念碑于1979年被评为广东省文物保护单位，现为全国爱国主义教育基地。如今的纪念园包括烈士纪念碑、战役纪念馆、瞻仰平台、朱德铜像、军魂主题雕塑、纪念浮雕文化墙、瞭望塔、三河坝战役多媒体展馆、八一广场将帅雕塑、体验式战壕、游客服务中心等。

### 思往昔

1927年10月1日，蒋介石嫡系钱大钧率3个师约2万余人由梅县松口沿江而下，直扑三河坝抢夺民船东渡韩江。朱德命部队在地势较高的笔枝尾山，也就是现在三河坝战役烈士纪念碑的所在地进行阻击。在敌众我寡、弹少援绝的险恶情况下，为了保存实力，指挥部决定采取"次第掩护，逐步撤退"的办法，取道河腰、百侯，经双溪，于5日进入饶平茂芝，后起义军艰苦转战，两进湘赣边，终于在1928年4月28日到达江西井冈山与毛泽东领导的秋收起义队伍胜利会师。在三河坝战役中，担负掩护部队撤退任务的二十五师七十五团第三营全营官兵壮烈牺牲在笔枝尾山上。

庄严正气的 11 座将帅全身铜像

体验式战壕

### 一点通

三河坝战役对继续高举革命旗帜，保存起义军的骨干和力量起到了重要的作用，为此后朱毛井冈山会师奠定了基础。如今，三河镇被定义为广东省梅州市大埔县的红色胜地，走上经济发展的快车道，红色土地正朝着绿色崛起的方向大步前进。

## ★ 历史现场四 枫朗镇

### 中共大埔县委、饶和埔县委旧址

#### 看今朝

该旧址位于大埔县东部枫朗镇东南部和村坑子里，东与福建省平和县九峰镇毗邻，南与饶平县上饶镇相连，是二省三县的交界接合部。和村在老一辈人口中又称"罗村"，但是全村为邓姓，为大埔最大的邓姓村庄。和村是大埔县有名的蜜柚专业村，全村400多户人家，种了2000多亩蜜柚，总产量达450万斤以上，靠种植梅州金柚、蜜柚，村民富起来了。

#### 思往昔

1930年8月，中共大埔县委迁至和村坑子里华侨屋，丘宗海任

中共大埔县委、饶和埔县委旧址（转自《中国共产党大埔县地方史》第一卷）

书记。同年11月，根据中共闽粤赣边特委的决定，大埔、饶平、福建平和三县合并成立中共饶和埔县委。不久，派张鼎丞、李明光到大埔县和村坑子里主持召开三县联席会议，正式成立中共饶和埔县委。县委下辖11个区，原大埔埔北区委为第八区委，石云区委为第九区委，高陂区委为第十区委。原大埔县委所辖的大麻、三河区委并入丰梅县委，中共饶和埔县委仍驻坑子里。

1931年5月，饶和埔县代表出席在江西瑞金举行的中华苏维埃共和国第一次全国代表大会。参会代表回来后，苏区的正常革命秩序逐步建立，稳定了苏区内干部、群众的情绪。1932年4月20日，毛泽东率中央红军攻占闽南重镇漳州，为配合闽南党组织开创闽南工农武装割据区域，在漳州吸收饶和埔流落在漳州的工人罗松山等，建立饶和埔独立支队，全支队共有300多人。1933年10月，中共饶和埔县委书记刘锡三于饶平浮山被敌人包围，在突围中牺牲。中共福建省委派巡视员赖洪祥接任饶和埔县委书记。

### 一点通

中共饶和埔县委是领导闽粤边斗争的又一个重要机构，在战略上牵制了敌人，配合了闽粤边革命斗争，起到了重要的辅助作用。

路线四

丰顺县

路线四

# 历史背景

Lishi Beijing

　　丰顺县位于广东省东北部的韩江上游，与闽西山水相连。东邻饶平、潮安，南接揭阳、揭西，西连五华、兴宁，北近梅县、大埔。

　　1919年北京五四爱国运动爆发。同年暑假，丰顺学生联合会再次组织巡回演讲团，发表文章，组织人员到汤坑、留隍、潭江、砂田、黄金等地向各界群众广泛宣传，唤醒了丰顺山区民众的忧患意识。

　　1922年冬，丰顺学生联合会创办了校刊《丰声杂志》，编写《中华民族的新觉醒》等9篇文章，发布在该刊的创刊号上，唤醒民族觉悟。1925年12月，中共广东区委决定，成立中共潮梅特别委员会，在潮梅地区开展工作。

　　在土地革命战争时期，地方党组织领导民众走上武装反抗国民党反动派的斗争之路。1927年，南昌起义后，贺龙、叶挺、刘伯承等率二十军第一、二师和十一军第二十四师南下潮汕，中共丰顺县部委按照中共中央关于"粤省委即刻以全力在东江接应"的指示，在县城策划外攻内应。起义军进入丰顺攻陷留隍后，中共丰顺县部委即派出地方干部和农民自卫军，配合起义军并参加与国民党反动军队激战的汤坑战役。

1928年2月，丰顺县第一个乡苏维埃政权——潘田乡苏维埃政府成立。5月，中共丰顺县部委在九龙嶂改组为中共丰顺临时县委，在九龙嶂组建了"五县暴委"（五县：五华、丰顺、梅县、兴宁、大埔），下半年组建了"七县联合委员会"（七县：兴宁、五华、丰顺、梅县、大埔、揭阳、潮安）。在上述粤东北联合机关的领导下，丰顺县打土豪分田地，土地革命运动在城乡广泛开展。

1929年4月，军民在县委的领导下与"进剿"八乡山的五华、丰顺、揭阳三县国民党军进行战斗，并取得史称"八乡山第一仗"的胜利。接着，震撼粤东的"丰顺暴动"举行，革命力量迅速发展壮大，在全县各地开展武装斗争，丰顺红色割据区域初步形成。

1929年6月，红四军政治部主任陈毅从闽西到丰顺革命根据地的西山南寮，商议共同开创闽粤赣边区革命根据地等事宜。红四军到丰顺，有力地鼓舞了丰顺人民的斗志，推动了丰顺土地革命运动与苏维埃政权建设的步伐。

1930年5月，在丰顺县八乡山滩下庄屋坪村成立以陈魁亚为委员长的东江苏维埃政府执行委员会，还成立了以古大存为军长、颜汉章为政治委员的中国工农红军第十一军。1930年5月，黎果为主席的丰顺县苏维埃政府正式成立。丰顺县苏维埃政府辖5个区苏维埃政府，40个乡苏维埃政府。此时，丰顺与粤东北、赣南等地红色区域连成一片，并与赣南、闽西各县边界相通。当年红四军主要领导人陈毅在《关于赣南、闽西、粤东江情况的报告》中向中共中央报告称：粤东北"丰顺、梅县、五华、兴宁、大埔……各县群众大部分归我们领导……"丰顺苏区成为红四军控制的"闽粤赣三省边境红色割据"区域之一。在此前后，李坚真、李井泉等一批优秀干部从丰顺县进入中央革命根据地（中央苏区）。

1930年9月，中共六届三中全会纠正党内"左"的错误路线，同时，决定在毛泽东、朱德、陈毅等开创的革命根据地内设立中共苏区中央局和中央军事部。10月，中共中央决定把粤东北纳入中央苏区的范围。1930年12月，丰顺苏区随闽粤赣革命根据地一起，并入中央革命根据地的范围。

1931年1月，以邓发为书记的中共闽粤赣苏区特委正式成立，闽西各县直属特委领导。粤东北地区成立以刘琴西为书记的中共闽粤赣苏区特委西北分委。西北分委领导龙川、五华、兴宁、梅县、大埔、丰顺、蕉岭、平远和赣南寻乌等县党组织。

1931年1月，中共苏区中央局正式成立，中央苏区逐渐进入鼎盛时期。但由于敌人的分割、"围剿"与封锁，位于潮阳大南山的闽粤赣苏区特委西南分委与机关设在闽西的闽粤赣苏区特委联系困难。西北分委在闽粤赣苏区特委领导下，进一步完善以黎果为书记的中共梅丰县委，丰顺苏区的各项建设不断完善。同年，国民党军对中央革命根据地（中央苏区）发动第三次"围剿"。丰顺苏区积极扩大武装力量，主动出击，牵制"进剿"中央苏区的广东军阀，并在配合中央革命根据地（中央苏区）反"围剿"中，与梅县苏区军民紧密配合，在斗争中，梅县、丰顺两块苏区连成一片。

1932年3月，位于闽西苏区与江西苏区中间的梅丰苏区，已成为中央苏区的连片区域。与闽西武平岩前、象洞等连成一片的梅丰县苏区成为中央福建省的南部区域。

# 参观建议

Canguan Jianyi

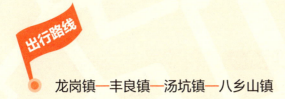

**出行路线**

龙岗镇—丰良镇—汤坑镇—八乡山镇

## 出行建议

进入梅州后，早上8点自驾从梅州市人民政府出发到丰顺县龙岗镇马图村，约40千米，大概9点20分抵达，参观大约需2小时，建议在当地用午餐。13点从马图村出发，15点左右抵达丰良镇九龙村委，参观大约1小时。16点出发，17点抵达汤坑镇，休息一晚。第二天早上8点开始参观李坚真纪念公园、纪念馆，时间约为2小时。10点离开，11点抵达八乡山镇滩下村，开始参观红十一军纪念馆。参观完后用午餐。午饭后两个小时即可返回梅州城区。

# 情况介绍

Qingkuang
Jieshao

## ★ 历史现场一 龙岗镇

### 见龙居——红四军军部旧址

#### 看今朝

　　见龙居位于丰顺县龙岗镇马图村，始建于清乾隆年间，为三进二横屋砖木结构围屋布局，占地面积714平方米。1929年10月，红四军政治部设在得震楼，得震楼的大门左边墙壁可见宣传标语："东

见龙居

江革命民众团结起来！红军甲！"1983年4月，见龙居被列入丰顺县文物保护单位。

### 思往昔

1929年5月底，红四军按照中央和前委指示，从闽西来到东江兴梅地区。1929年10月25日，红四军攻克梅县县城，26日朱德在梅城孔庙召开群众大会，演讲后部队开赴梅南，次日到丰、梅边马图、北洞休整。1929年10月29日，红四军军长朱德、政治部主任陈毅、参谋长朱云卿率三个纵队6000多人（一纵司令员林彪，党代表熊寿祺；二纵司令员郭化若，党代表张恨秋；三纵司令员伍中豪，党代表罗荣桓），由闽西挺进东江，从梅县的梅南进入丰顺马图村，驻扎了三天两夜。军部设在马图村见龙居周围，朱德住在见龙居内右侧廊子间，红四军政治部设在得震楼大院内。红军离开马图村时，留下战士110多名、军马20匹、长枪100支、机关枪2挺、迫击炮1门，壮大了东江地区的革命武装。

### 一点通

红四军在转战中，得到了东江特委的接应，得到了马图群众的支持，因而得到了短暂的休整，为继续革命积蓄了力量。这是马图为革命事业作出的贡献，是马图群众的光荣，值得永远铭记。

## ★ 历史现场二 丰良镇

### 普善堂——丰顺县第一个党组织的诞生地

#### 看今朝

普善堂位于丰顺县丰良镇九龙村内，是一座四合院式的平房，占地面积约500平方米，房屋被国民党反动派拆毁，中华人民共和国成立后重建改为九龙小学。

#### 思往昔

1926年春，中共广东区委书记陈延年委派共产党员蔡宁、王少华、陈晋阶、黎凤翔等四人回丰顺，从事革命活动。1926年8月，中共汕头地委指派在省港罢工委员会工作的冯连山回丰顺任中共丰顺县支部书记，9月任中共丰顺县部委书记，县委设在九龙村内。1927年"四一二"反革命

2021年3月21日，普善堂修缮完工

政变后，大量共产党员被通缉，县农会被查封。在这危急关头，丰顺县部委组织农民自卫军400余人，于4月21日围攻县政府，武装劫狱，因敌众我寡，劫狱未成，丰顺党组织被迫停止活动。1928年5月，由郑兴、朱公伟、黎凤翔、邹玉成和杨淑庆等五人，在九龙村组成中共丰顺临时县委，由黎凤翔任县委书记，继续领导全县人民与国民党反动派作坚决斗争。

### 一点通

正当大革命取得胜利之际，国民党悍然发动了反革命政变，迫害、杀戮大批中共党员。在白色恐怖中，丰顺临时县委在丰顺县丰良镇九龙村成立，继续带领工农群众与国民党反动派巧妙地展开斗争，让工农群众在白色恐怖中看到了"红色"希望，坚定革命信念。

### ★ 历史现场三 汤坑镇

## 李坚真纪念群

### 看今朝

坚真公园位于丰顺县汤坑镇金瓯山西侧，是中共丰顺县委原机关大院。2003年1月，丰顺县委搬迁后，县委旧址建成坚真公园，占地总面积大约10万平方米，内有坚真活动广场、壁画

廊、主题雕塑园区、坚真纪念亭、坚真纪念大楼等。

　　坚真纪念馆位于丰顺县汤坑镇坚真公园内，李坚真百岁诞辰（1907—2007）之际，由原县委大楼改建而成。内设主题为"颂坚真正气，扬廉洁清风"的坚真廉洁操行馆，2019年被命名为第八批广东省爱国主义教育基地，2020年6月28日，被梅州市公布为首批10个市级党员教育基地之一。

### 思往昔

#### 在彭湃的影响下快速进步

　　1926年5月，彭湃来到丰顺考察农民运动，帮助成立区、乡农民协会。在李坚真家中用晚餐时，彭湃提到农民要组织起来。他对李坚真说："妇女要争取解放，要争取男女平等，也要组织起来，妇女也和男子一样，都可以参

丰顺县坚真纪念馆

加革命斗争。""你们区、乡、村最近要成立了农民协会，你把这些道理向村里的姐妹们说说，把她们组织起来，一起参加农民协会好吗？"李坚真第一次听到这样的革命真理，明白了许多。

1926年7月，随着北伐军节节胜利，广大农民群众向地主豪绅展开了猛烈的斗争，丰顺县各区、乡建立了农民自卫军。开始时，参加农民自卫军的多数是青壮年男子，妇女不敢参加，李坚真就动员几个青年妇女参加了农民自卫军。同年9月她加入了共产主义青年团，此后，她参加了第四区农军常备队，并担任常备队的支部书记。几十年后，李坚真回忆说，当时的农运情况，正如毛泽东在《湖南农民运动考察报告》中所指出的那样："地主的体面威风被扫除以尽，地主权力既倒，农会便成了唯一的权力机关，真正办到了人民希望的所谓'一切权力归农会'。"在她的革命生涯中，创造了多个第一：她是中共党史上的第一位女县委书记，第一位女省委书记。

就这样，昔日这个只值八吊铜钱的客家妹子，在老革命家彭湃的启发教育、引导下走向了革命道路。

#### 参与营救陈思永

1927年4月12日,蒋介石发动了反革命政变。一些丰顺籍反动分子开始被派遣回家,控制县党部和县政府,成立"清党委员会",四处张贴布告,通缉捉拿原县党部执行委员、中共党员黎凤翔等人。他们袭击农会,抓走了农会负责人陈思永。在这番"清党"行动下,共产党原有的组织遭到破坏,被迫转入农村工作。李坚真在黎凤翔的领导下,对国民党右派的倒行逆施进行了斗争。4月25日,参加包围县政府的行动,要求释放陈思永,与农军一起劫狱,与国民党警卫队交火,最终因敌我力量悬殊,劫狱失败,陈思永被杀害。

#### 一点通

李坚真接受了澎湃对她关于妇女解放的启发式教育,加入了解放妇女的革命队伍,在解放妇女的革命实践中逐渐明白,自己参加革命不但能使自己得到幸福,而且也能使广大妇女得到幸福。

### ★ 历史现场四 八乡山镇

## 东江苏维埃政府暨红十一军纪念馆

#### 看今朝

东江第一次工农兵代表大会旧址位于丰顺县八乡山镇滩下村庄屋坪,原会址是用竹和茅草盖起的大草棚,后被反动派烧毁。1984年,省政府拨款在原会址旁建造会议旧址。旧址建筑坐北向南,为两层钢筋混凝土结构建造的楼房,占地面积450平方米。新建的楼

东江苏维埃政府暨红十一军纪念馆（梅州市党史办提供）

房，同时作为东江苏维埃政府暨红十一军纪念馆。1983年4月5日，丰顺县人民政府把东江第一次工农兵代表大会旧址列为丰顺县第一批重点文物保护单位；1989年6月29日，被广东省人民政府定为省级重点文物保护单位。

### 思往昔

1928年2月，五华县农军在抗击强敌进攻受挫后，古大存带领几十名军事干部、战士走向五华、丰顺、揭阳边界区的八乡山，在八乡山开展艰苦的革命斗争工作，为东江特委战略转移到八乡山领导革命工作提供了可能。

1929年2月，东江特委机关转到八乡山。上山后，成立中共支部，健全各级党组织，并改选五华、丰顺县委，经过一段时间的努力，党员数超过500人。东江特委发动组织"贫农自救会"，会员达到4000多人。在党组织的领导下，贫农自救会发动农民进行抗阻斗争。在武装斗争上，东江特委与附近苏区的工农革命军采取联合战术。同年3月，在古大存的指挥下，指挥军民击溃来犯之敌1000多人，取得了八乡山第一仗的胜利。4月，利用蒋桂军阀战争之机，取得了丰顺暴动胜利，形成了对"围剿"八乡山的国民党军的反"围剿"之势。同年底，八乡山、铜鼓嶂、九龙嶂三块革命根据地连成一片，斗争策略上相互呼应。

1930年5月1日至12日，东江特委在八乡山滩下庄屋坪召开了东江第一次工农兵代表大会，出席大会的有来自汕头、潮阳、普宁、惠来、揭阳、潮安、澄海、饶平等县市和各红军团的184名正式代表。广州、琼崖、粤北等地区6个市（县）也应邀派代表参加了大会。大会由中共东江特委常委兼军委书记古大存主持，特委农委会负责人陈魁亚作政治报告。中共广东省委派林道文参加大会，并传达了省委和中央军委关于建立东江苏维埃政府和成立中国工农红军第十一军的决定。大会讨论和通过了革命政纲和各种法令，选举了东江苏维埃政府执行委员会，选出东江苏维埃政府委员会委员45人、候补委员15人，由陈魁亚任委员长，古大存、陈耀潮为副委员长。大会正式通过了工农民主专政十大纲领，选举产生了东江苏维埃政府，选出陈魁亚和古大存为东江苏维埃政府正、副主席，并正式宣布红十一军成立，古大存为军长，颜汉章为政委。

### 一点通

红十一军的成立，意味着东江革命、梅州革命到了一个新的革命阶段，这个革命力量很快成为中国工农红军的一个组成部分，为中国革命事业的胜利作出了贡献。

兴宁市

# 历史背景

Lishi Beijing

　　1927年，兴宁人民举行了两次震撼粤东的攻城暴动，9月3日一举攻下兴宁城。当日上午，刘光夏在县衙内宣布成立兴宁苏维埃政府。第二天，以暴动队伍为基础力量组建了兴宁第一支革命武装——广东工农革命军第十二团。从此拉开了轰轰烈烈的以打土豪，分田地为主的土地革命帷幕，先后建立了水口、大坪、大信、新村四大革命根据地。革命的星火渐成燎原之势蔓延全县，当时，兴宁近七成的乡村建立了苏维埃政权，红色浪潮席卷兴宁大地。

　　1928年1月10日，刘光夏率十二团到达宋声茂坑、八乡山蒿头，准备与古大存部队会合。其时广东军阀张发奎部和陈铭枢、李济深部在五华岐岭至老隆铁场一带大举混战。中共兴宁县委认为这是武装暴动的极好时机。蓝胜青、刘光夏率领十二团准备与丰顺郑天保的第十团联合消灭水口、新圩、坭陂三区的反动武装，然后进攻县城。但是，当十二团开到水口时，丰顺第十团因参加梅县松口暴动而没有来，使原计划不能实现。因此，十二团改为围攻水口土豪刘兆模的反动武装，焚烧了他的房屋，又于15日围捕枪决了水口土豪刘泰记，将他们的谷物家财没收分给贫苦农民，群众备受鼓舞。

至1928年2月，十二团的武装力量有了发展，计有短枪15支、长枪120多支。十二团转战在五华郭田、布尾，丰顺贵人村，龙川赤岗和兴宁径心、水口、宋声、叶塘等地区，击溃了国民党反动派的多次围剿，打死打伤敌人100多人，全县土豪及反动商团大为震惊。

十二团成立后几个月来的军事活动，震惊了兴梅地区的国民党反动派，兴宁自卫大队先后多次到径心兴凤寺、永和湖尾等地围剿，均一无所获。国民党反动派恼羞成怒，贴出布告，并行文广东省政府转饬各县，悬花红200至1000元，通缉所谓"兴宁共匪头目"刘光夏、蓝胜青、曾不凡、陈锦华、潘英、刘通玉、陈瑞权、胡燧良等。

各地革命活动的开展，特别是十二团的频繁打击国民党反动派，使其惊恐万分，进一步加强了对革命力量的镇压。其时国民党反动当局大力加强其反动统治，除国民党宋世科团驻军外，潘明星的县警备大队增至200多人，陈楚麓的反动商团的县警备武装由七八十人增至150人。各乡均建立民团，实行保甲联防制，国民党反动派经常派出军队或反动商团到各区乡进行搜捕，烧杀抢掠，破坏革命据点。

十二团建立后，一直转战于兴宁各地以及兴宁与梅县、丰顺、五华、龙川等县边区。1928年3月上旬，十二团在径心与国民党兴宁县自卫大队发生遭遇战，蓝胜青指挥队伍奋勇杀敌，击毙自卫大队副大队长及卫士，自卫大队全线溃退。十二团获胜后，当夜急行军经永和、龙田，第二天一早到达叶塘留桥，吃完早饭，即向朱子莱进发。抵达叶塘朱子莱时，反动军队闻讯，出动宋世科团一个营，陈楚麓商团及钟宝鉴、陈必显民团共约600人，四面包围了朱子莱。刘光夏率部分战士出击，双方激战一个中午，打死反动军队七八人，伤10余人，十二团潘旺生牺牲，敖景象受伤。十二团撤出战斗后，向龙川石坑转移，本欲绕道到罗岗、罗浮地区，到龙川赤岗时，十二团突袭赤岗区署，缴获10条长枪，筹缴了一批粮款。稍作休整后，直往龙川细坳祗圩，途中遭到当地民团伏击，死伤数人。大家感到来到龙川，情况不明，得不到群众支持，决定折返兴宁。这时，十二团的经费、子弹缺乏，反动军队又四处包围而来，不得已又退回叶塘掌鸭塘。3月下旬的一天晚上，部队在叶南（今叶塘）均竹曾不凡家召开会议，分析了敌我形势，认为应该化整为零，分散目标才易坚持斗争，并要求大家暂时投亲靠友，暂作埋伏，伺机再起。当夜，刘通玉、舒敬舒、刘进玉等几十人即离队回水口隐蔽，路经附城时被国民党反动派发现，刘进玉等10余人被捕，均惨遭杀害。同时，蓝胜青、刘光夏、蓝亚梅、潘英、丘玉招、陈锦华、罗毅雄、罗坤泉、蓝再韩、刘道灵、张海、张观佑等连即转移到叶南欧排塘巫屋。后来，陈锦华、罗毅雄、罗坤泉又奉命分散离队。

　　3月27日，十二团部分武装又在叶塘圩集中，捉了两个土豪到达龙川霍山。为了适应斗争形势的需要，五（华）兴（宁）龙（川）三县党员代表协商成立中共五兴龙临时工作委员会（简称"临委"），叶卓为书记，蓝胜青、刘光夏、古清海为委员。4月3日，兴宁、五华、龙川三县反动军队及民团1000多人联合围攻驻在霍山的三县革命武装。刘光夏、蓝胜青率队与敌激战，奋力冲杀，十二团的刘道灵、罗肇庆等30多人壮烈牺牲，伤八九人，终因敌众我寡而仓促撤退。在撤退途中又有数人被捕和殉难，十二团第一大队第一中队的官兵花名册和枪支弹药册亦在战斗中丢失。当晚，部队撤退到掌鸭塘开会，县委书记蓝胜青认真分析敌我形势，认为十二团东征西讨，是犯了"军事投机主义的错误"，不能切实领导农民实行土地革命。他同时鼓励大家："低潮总会过去，我们要保全有生力量，准备和创造新的革命高潮。"并决定暂时解散队伍，把长枪隐藏起来。会后，部队分散到丰顺的赤岭、叶田、九龙嶂、八乡山和本县南北山区进行创建根据地的活动。

1929年3月，东江特委巡视员刘琴西在大坪镇大塘肚村主持召开五华、兴宁、龙川三县工农兵代表大会，有300位代表参加，正式成立闽粤赣边五兴龙苏维埃政府，同时成立五兴龙游击大队。五兴龙苏区，如一块钢铁的屏障守护着中央苏区。在东江特委的领导下，五兴龙苏区迅速发展壮大，在斗争中逐渐与赣南、闽西根据地连成一片，形成广袤的闽粤赣苏区。1931年1月15日，《中央苏区中央局通告（第一号）》明确规定："闽粤赣边特区，包括闽西、广东东北、赣东南一部分"。随后，中共中央致闽粤赣特委信中再次重申："闽粤赣是整个中央苏区的一部分"。五兴龙苏区，是闽粤赣苏区的重要组成部分，也是中央苏区的重要组成部分。地处粤东北的兴宁自然进入中央苏区的版图。

1931年初，闽粤赣特派员刘琴西到新村南扒召开中共五兴龙代表大会，成立中共五兴龙县委，同时改组五兴龙县苏维埃政府。为加强中央苏区腹地的领导力量，江西省先后将兴宁苏区干部罗屏汉、蔡梅祥、张瑾瑜、钟亚庆等十多人调至中央苏区腹地担任重要职务。

1932年5月，按苏区中央局的指示，蔡梅祥等返回兴宁开展革命活动。6月，中共兴龙县委会在黄槐黄沙溪成立，县委书记蔡梅祥。同时成立兴龙县游击大队，隶属中央苏区赣西南特委领导，1933年8月后改由中央苏区粤赣省管辖，1934年7月起归中央苏区赣南省领导至1935年。

1927年至1935年的近十年间，兴宁苏区人民为新中国的创立承受了重大牺牲、作出了巨大贡献：

为中央苏区腹地输送了一批优秀干部。五兴龙苏区血与火的斗争实践，培养和造就了一大批优秀的党政军领导、骨干，并为中央苏区腹地输送了一批优秀干部。如罗屏汉、陈锦华、蔡梅祥、张瑾瑜、钟亚庆、曾不凡、罗义妹、廖醒中等。特别是原中共兴宁县委书记罗屏汉，1931年春调入中央革命根据地后，先后担任寻乌独立团政委、中共会昌中心县委书记（接任邓小平同志职务）、中共粤赣省委候补执委、粤赣边军政委员会主席等职。原兴宁县革命委员会委员张瑾瑜（罗屏汉夫人），1931年奉调中央苏区，历任中共赣南省委执行委员、粤赣省白区工作部部长等职。

抗击和牵制了国民党军队，密切配合中央苏区的反"围剿"战争。当时，广东军阀陈济棠，统领3个军、3个独立师共15万人，加上地方反动武装，共计20万兵力。而中共闽粤赣特委才1万多人，在敌我力量悬殊的情况下，闽粤赣苏区军民不畏牺牲，顽强战斗打击敌人，拖住敌人大量军队，巩固了闽西、粤东北苏区，遏制了粤国民党军队北犯中央苏区，减轻了中央红军的军事压力，为接连赢得四次反"围剿"战争的胜利作出了重要贡献。

配合中央红军开辟了赣东南、闽西北苏区，使之成为中央苏区的主要组成部分。1931年8月，红十一军独立营及地方游击队配合红一方面军之第七军攻克寻乌县城，随即扩编为寻乌独立团。11月，又配合红三军团解放了会昌、安远县。原中共西北分委和寻乌独立团的负责人梁锡祐、陈锦华、罗屏汉等14人分别担任寻乌、会昌、安远县党政主要领导，巩固了新开辟的赣东南苏区，使之与赣西南苏区连成一片。为了配合主力红军长征，也为了扫清危及游击队活动的反动据点，罗屏汉写信命令兴龙县委限期烧掉寻乌岑峰炮楼。县委书记蔡梅祥即派古汉中、梅贯华带领驳壳队化装潜入岑峰，放火烧了炮楼，缴获一批枪支，胜利完成任务，受到上级表扬。

为中央苏区腹地提供了后勤物资方面的援助。国民党军队对中央苏区发动多次"围剿"，中央苏区的物资陷入极度困境，五兴龙苏区人民充分利用毗邻赣南这一有利地缘条件，冒着风险，历经艰难，冲破敌人重重封锁，为中央苏区腹地输送食盐、布匹、药品等紧缺物资，这对解决中央苏区困难，粉碎敌人封锁起了积极的作用。

# 参观建议

Canguan Jianyi

**出行路线**

水口镇—兴田街道—大坪镇

● **出行建议** ━━━

　　抵达位于兴宁市水口镇光夏村的刘光夏故居参观后，可以参观附近的书院，用时大约90分钟。从水口镇光夏村到兴城两海会馆约34千米，自驾50分钟抵达。大约60分钟可以参观完。从兴城两海会馆到大坪镇屏汉村约39千米，自驾50分钟抵达。大约60分钟可以参观完。

情况介绍
Qingkuang
Jieshao

★ **历史现场一**　**水口镇**

### 刘光夏革命烈士纪念馆

#### 看今朝

刘光夏故居位于兴宁市水口镇光夏村奖洞口。刘光夏革命烈士纪念馆于2014年9月在刘光夏故居建成，占地300多平方米。2017年，光夏村被省委组织部列为第二批"红色村"后，纪念馆进行升级改造，并于2019年6月全面完成重新开馆。纪念馆先后被评为2018年度梅州市中共党史教育基地、2019年度兴宁市爱国主义教育基地、2019年兴宁市新时代文明实践站、2020年度梅州市家风家教实践基地。

#### 思往昔

刘光夏，1904年生于兴宁县南厢下堡村，1920年考入梅州中学，1923年考进厦门大学，1926年进入黄埔军校第六期,并在校加入中国共产党。

1927年8月,刘光夏等人接受了从武汉回到兴宁组织武装暴动的指示,9月3日组织了6个乡的赤卫队员发动"九三"武装暴动并取得胜利。同日宣布,兴宁县苏维埃政府成立。

1928年夏,任梅县、兴宁、五华、丰顺和大埔五县暴动委员会委员,同年冬任兴宁县委书记。

1929年春,创建兴宁县水口革命根据地。同年10月,与毛泽东、朱德、古大存、朱子干、陈魁亚、陈海云7人联合签署发布东江革命委员会《关于公布执行土地政纲的布告》,推动了东江地区的土地革命斗争。

1930年组建东江红军第十五团,并任团长。3月25日奉命攻打江西澄江时壮烈牺牲,时年26岁。

刘光夏革命烈士纪念馆

### 一点通

刘光夏是土地革命战争时期东江革命武装的缔造者和领导者之一。兴宁土地革命的开展、兴宁县苏维埃政府的建立以及军事组织的筹建，是东江革命的重要组成部分。刘光夏参与组织的兴宁"九三"武装暴动是中共兴宁党组织对国民党反动派的一次英勇反击，也是中国共产党探索革命道路的一个组成部分。它不仅狠狠地打击了敌人的嚣张气焰，而且极大地鼓舞了人民进行革命斗争的士气。

## ★ 历史现场二 兴田街道

### 两海会馆

### 看今朝

两海会馆——又称潮州会馆，位于兴宁市兴田街道神光路西沿江南路2号。

### 思往昔

1924年底，兴宁县农民运动筹备委员会在两海会馆成立。1925年2月，在中国共产党的推动下，广东革命政府举行讨伐陈炯明的第一次东征。3月19日，东征军右翼部队在蒋介石、周恩来的率领下进抵兴宁，激战两天，取得胜利，史称"兴宁大捷"。1926年2月，东征军潮梅留守纵队在兴宁合水的反围剿战斗，使陈炯明彻底失败，成为东征军在粤东的最后一战。

### 一点通

东征军两次到兴宁并取得胜利，特别是周恩来在兴宁工作、生活的20多天，对兴宁影响至深，为兴宁播下了革命的种子、培养了骨干，使兴宁工农运动风起云涌，为以后的抗日救亡、谋求解放奠定了思想基础和组织基础。

两海会馆

## ★ 历史现场三　大坪镇

### 久安围——罗屏汉故居

#### 看今朝

久安围——罗屏汉故居位于兴宁市大坪镇屏汉村，距离大坪镇政府6公里，当地人民为纪念罗屏汉，将其家乡白云村改名为屏汉村。罗屏汉故居一直是当地学校爱国主义教育基地。

#### 思往昔

罗屏汉于1907年生于兴宁县大坪镇白云村，在大坪念完小学，18岁时进入县立中学就读，20岁时加入县立中学秘密组织"CY"（共青团），半年后加入中国共产党，参加农民运动和工人运动。

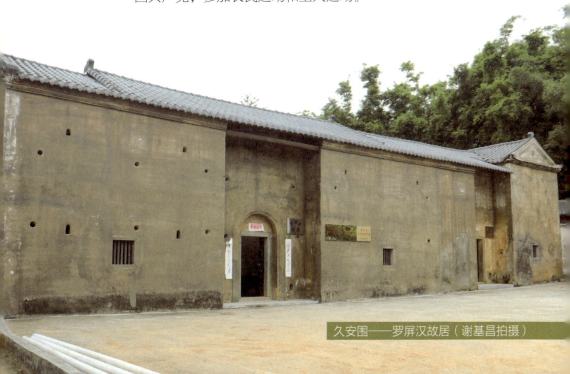

久安围——罗屏汉故居（谢基昌拍摄）

1927年"四一二"反革命政变后，罗屏汉以教书员的身份开展党的工作，组织青年大会，宣传共产主义，揭露贪官污吏、土豪劣绅的罪行。被国民党大坪警察逮捕过，遭受严刑逼供不屈服。后被释放。

为策应南昌起义部队顺利进入广东，罗屏汉参加了兴宁"九三"武装暴动。1928年初，工农革命军第三营成立，罗屏汉任营长，率部在兴宁、龙川边境开展游击活动。次年3月被选为五兴龙县苏维埃政府常务委员，负责农民运动。同年秋兴宁县革命委员会成立，罗屏汉任主席，随后被选为中共兴宁县委书记，率部攻占罗浮，领导创建了东江兴宁革命根据地。1933年参加第四、第五次反"围剿"的南线作战。同年11月担任闽粤赣边游击纵队司令员，率部队在梅州兴宁、平远、寻乌、龙川边境开展游击战争，牵制国民党军南线进攻部队，策应中央红军主力作战。后来，率红军游击队在兴宁、平远一带开展游击活动。

1935年6月，罗屏汉率领一支游击队转战龙川径口，一路上不断遭到敌人袭击。罗屏汉带领罗亚彬、潘秉星等10多人与敌人展开激战，退到龙川径口村。因曾火生叛变，遭到大坪、东坑等地反动武装的围攻。罗屏汉等人退到大坪洛洞村，后又退至大坪鸽池村时，仅剩下他一人，身负重伤的罗屏汉无法再走，只得坐在坟地里，坚持与敌人搏斗，直至弹尽援绝而壮烈牺牲。

### 罗屏汉与警卫员潘秉星的革命故事

潘秉星个头一米八多，长相威武，家在寻乌吉潭镇老街，做卖豆腐、麦芽糖的小本生意，还时常跟随家族人员上山打猎，独力扛回过一二百斤的野猪，有一身力气。因为寻乌老街与梅县、兴宁、汕头一带有生意往来，潘秉星经常参加寻乌老街的运输队，在运输队中做"挑脚",算是早期开阔眼界的经历。1924年,龙川遭遇洪灾,次年东江一带出现米荒,寻乌成了东江米商的重要采购市场。潘秉星见此认为,到广东卖米是一个谋生之道,开始从寻乌贩米到平远县售卖,赚钱后在龙川老隆租房居住。遭遇战乱后,他又到潮汕一带谋生。潮汕的海货多,潮汕人盛行喝茶,他将寻乌的茶贩卖到潮汕,将潮汕的鱼干、盐、海带贩卖到寻乌,赚取微薄的辛苦钱。

在潮汕做生意的好景不长,潘秉星遭遇当地街霸的驱赶。1927年,他来到兴宁做卖米生意,从兴宁批发大米到各镇上零售。7月的某日,潘秉星在兴宁大坪传统圩日上,遇上了前来购米的罗屏汉。此时,正逢兵匪前来敲诈税钱,潘秉星缴完税钱,兵匪还要抢罗屏汉已付钱的大米,潘秉星为保护客户的大米,遭到兵匪的殴打,他的猎狗因此也遭兵匪枪托猛砸。最后,潘秉星拿出猎枪自卫,才保住命,但大米还是被兵匪抢走了。潘秉星向罗屏汉承诺会还米给他,并将猎枪抵押给他。

罗屏汉目睹了潘秉星为保护客户大米而委曲求全的"纳税"行为,也看到了其被迫用猎枪反抗自卫的举动,对其关键时刻显示出的胆识深为赞赏,因此,开始接近这位农民小商人,要与其结为朋友。潘秉星倒是更加爽快,要与罗屏汉结为兄弟。罗屏汉对潘秉星耐心引导,潘秉星最终也走上了革命道路,并且曾担任罗屏汉的警卫员,从五兴龙到江西中央苏区,转战南北,两人结下深厚的革命情谊。

## 罗屏汉与妻子张瑾瑜的革命故事

张瑾瑜是兴宁县永和镇大成村人,15岁(1927年)就投身农民革命运动,活跃在大坪、罗浮、大信革命根据地连成的秘密交通线上，1929年加入中国共产党。1929年3月，五兴龙县苏维埃政府成立之后，罗屏汉、张瑾瑜等一起在训练班给学员讲课。1930年，经过多年的革命斗争后，罗屏汉与张瑾瑜建立了深厚的感情，并结为夫妻。

1931年，张瑾瑜在红十一军独立营担任党支部书记兼宣传部长，她工作踏实，以身作则，写标语、画壁画，都与宣传队员一起干。她还在会昌县委妇委担任过书记，在县委书记邓小平的领导下，积极参与扩红工作、支援前线、发展生产和举办妇女骨干训练班。她组织妇女做军鞋，捐小菜、红薯干等物资慰劳红军，组织妇女给后方医院的伤员清洗、缝补衣服。1933年4月，罗屏汉接任会昌县委书记不久，张瑾瑜生下一男孩。为了革命工作，他们将孩子送给别人抚养。1935年5月，张瑾瑜所在部队遭到广东军阀包围，突围至安远县高云山芦村茶坑。在当时有身孕的情况下，张瑾瑜让同志们突围。自己断后吸引敌人，她将最后一颗子弹留给了自己，将革命热血洒在南岭山脉中。

### 一点通

罗屏汉善于识人、用人，也善于领导政治工作、军事工作，在他的努力下，五兴龙革命根据地建设得有声有色。张瑾瑜主持妇女工作，为部队做了许多后勤服务，温暖了战士的心。这对夫妻为了革命工作，甚至将孩子送给别人抚养，直至将自己的生命奉献给了革命事业。

路线六

五华县

# 历史背景

Lishi Beijing

　　五华县东南接丰顺、揭西、陆河，西南接东源、紫金，西北连龙川，东北连兴宁。全县总面积3226.1平方千米，是广东省革命老根据地重点县之一。

　　1930年9月，党的六届三中全会确定，在毛泽东、朱德等领导的红军控制的根据地内，设立中共苏区中央局和苏区中央军事委员会，建立中央苏区。中共中央规划闽西、东江合并为闽粤赣根据地，为中央苏区的范围，五华县苏区与五兴龙根据地一起，成为中共中央决定建立的中央苏区的"骨架"。

　　五四运动给五华社会带来了新的生机，五华先后有黄国梁、宋青、古大存、古云章等进步青年外出求学，其间在广州组织成立了旅穗五华青年同志会，创办《春雷》会刊，大力宣传反帝反封建、改造社会、振兴教育等进步思想。1925年3月，东征军第一次东征到五华，五华县立中学校组织学生联合会，下乡宣传革命，扩大了革命的影响，为五华党组织的创建奠定了政治基础和群众基础。

　　五华日常所用的食盐多到海陆丰肩挑运回。一批挑盐农民在海陆丰受彭湃所领导农民运动的影响，回乡后广泛宣传发动，农民受到启迪，参加革命活动异常积极。1925年3月，在广州参加农讲所第三期学习的温家思在东征军东征期间写信回五华，要求家乡父老组织农会迎接东征军的到来。同年5月，五华县第一次农民会员代表大会在第七区安流东灵寺召开，正式成立五华县农民协会。1926年10月五华县农民自卫军队成立，总负责人为魏宗元、古大存。

　　1927年8月，中共东江特委指派刘琴西到五华，主持召开中共五华特支会议，宣布成立中共五华县委员会，书记为曾勖（天节），卢觉民负责组织，李国光负责宣传（未到职，由古云章担任），古大存负责军事。中共五华县委的成立，标志着中国共产党组织在五华进入新的发展时期。

　　1927年11月，海陆丰县苏维埃政府成立。12月22日，五华县委根据东江特委军委书记颜昌颐的指示，组织农运骨干、军事干部共204人（其中共产党员20多人）到海丰接受短期训练班学习。其间，彭湃亲切接见古大存，并送马刀一把，勉励古大存领导好五华农民运动，搞好土地革命。古大存接过马刀，激动得吟诗：“殷殷刀上血，深深战友情，嘱托何凝重，敢不轻死生。”此诗充分表达了五华农运领袖古大存将革命进行到底的坚强决心。

　　1928年7月，五华、丰顺、兴宁、梅县、大埔五县暴动委员会（简称“五县暴委”），在梅县、丰顺交界的九龙嶂成立，下设军委，古大存为五县暴委主席兼军委书记。8月，五县暴委领导工农武装在梅县畲坑举行武装暴动，消灭驻军100多人，缴获20多支枪和大批物资。畲坑暴动的胜利，震动了东江、韩江地区。不久，揭阳、潮安两县加入五县暴委，成立中共五华、丰顺、兴宁、梅县、大埔、揭阳、潮安七县联合委员会（简称中共"七县联委"），公推古大存为书记。

1929年初，毛泽东、朱德、陈毅等领导的红四军下井冈，游击赣南、闽西，极大地鼓舞了五华党、政、军、民的斗志。同年2月19日至24日，中共五华县第一次代表大会在八乡山小溪乡石见坑村召开，选举产生新县委。10月6日，东江特委接到广东省委"红军乘机进取东江"来信后，立即召开东江特委常委扩大会议，作出"迅速扩大红军，加强宣传工作，加强士兵运动，加强党的组织与领导力量；实现土地政纲，建立苏维埃；与红四军前委等发生最亲密的关系，普遍发动游击战争"等12项决议。五华县苏维埃区域成为红四军可控制的游击区范围。

为把土地革命引向深入，1930年春节后，五华县委、县苏维埃政府领导人，带领各区乡农民开展焚烧契约、废除债务、没收地主土地分配给农民的土地革命运动。各区乡苏维埃政府内设土地科，专责没收、分配土地工作。1930年5月1日，东江第一次工农兵代表大会在丰顺八乡山召开，大会成立东江苏维埃政府和古大存任军长的中国工农红军第十一军。这标志着东江苏区的形成，五华县红色区域成为东江苏区的重要组成部分。到6月初，五华、兴宁、龙川、平远等县，已经同赣西南革命根据地的会昌、安远、寻乌等县的红色区域连成一片，同时与赣西南其他各县的红色区域的联系亦已相通，这时的五华苏区已与赣西南苏区建立了更加密切的关系。

1930年12月，中共闽粤赣苏区特委西北分委派刘琴西到新村南扒主持召开五兴龙党代会，会议历时七天，成立中共五兴龙县委员会。时任五华县委书记的古清海为当选县委书记，胡国枢（五华人）等为县委委员，同时改组了闽粤赣边五兴龙县苏维埃政府，刘荐修（五华人）任秘书。并将五华、兴宁、龙川武装整编为五兴龙县游击大队，全队200多人，下辖三个中队，五华、兴宁、龙川成为一块完整的苏区。在五兴龙县委的领导下，根据地军民积极参与牵制国民党军的战斗，配合主力红军在赣南粉碎国民党军的第一次"围剿"，五华苏区的革命斗争融入了中央苏区的反"围剿"斗争中。

此后，中央苏区逐渐进入全盛时期。1932年春节，五兴龙县委迁至江西寻乌车头村，属五兴龙县委领导的五华县属红色区域，与中央苏区赣南逐渐密切了关系，开始接受江西省委领导。1932年2月，江西省委调罗屏汉、罗文彩、张瑾瑜、廖醒中、古汉忠等到会昌县委工作。3月，江西省委又调陈锦华任安远县委书记，五兴龙县委由蔡梅祥负责。同年5月，赣南根据地召开工农兵代表大会，成立江西省苏维埃政府。是月，江西省苏维埃政府委员古柏前来河角圩指导工作，邀集五兴龙县委的同志召开党团联席会议。此后，五华苏区与五兴龙根据地的革命斗争，正式归中央苏区江西省领导，与中央苏区领导的斗争融为一体。

在中央革命根据地创建和发展中，五华人民在国民党各区乡设卡安哨，阻止物资北上支援红军的严密监视下，

　　为保障苏区红军和中央苏维埃政府紧缺生活品的供应，几乎每天都有数十人挑担，分五六路从五华的棉洋、龙村、岐岭、新桥、油田出发，经江西寻乌、安远等地将食盐、药品、纸张等紧缺物资挑运到中央苏区腹地。特别值得一提的是五华有100多名铁匠，先后进入江西省的官田、福建省的茶树下为中央红军修枪造弹，成为中央兵工厂的奠基人。在创建梅县顺里村东江兵工厂、五兴龙兵工厂、兴国官田兵工厂、闽粤赣造枪厂等的过程中，到处都留下五华铁匠为中央红军修造枪械的印记。五华铁匠加入中央苏区兵工厂的创建行列，还受到朱德总司令的接见和赞扬，并称"你们的到来，如旱禾见水"。

**梅林镇—郭田镇—华城镇**

● **出行建议** ━

　　早上8点从五华县政府出发，走高速8点50分抵达梅林镇梅林圩，参观梅冈寺，参观1小时后，再前往优行径村参观古大存故居，参观1小时左右，12点在梅林镇用午餐。14点出发前往郭田镇布美村，15点抵达布美村，参观1小时左右，16点出发前往华城镇十字街，15点抵达，参观东征军政治部旧址等。参观完后返回五华县城。

# 情况介绍

Qingkuang Jieshao

★ 历史现场一 **梅林镇**

## 梅冈寺——梅林圩农民自卫军训练旧址

### 看今朝

梅冈寺原为清代寺庙，位于五华县梅林镇梅林圩西南，现在梅林中学校园内。建筑为三开间二栋进深。

梅冈寺（陈文辉提供）

### 思往昔

1925年4月，梅林乡农民协会在甘家祠成立，后迁入梅冈寺。1926年11月开始，五华县农民自卫军模范队在梅冈寺培训农军骨干。1927年5月，中共广东区委委派曾天节带领古怀等7人返回五华协助古大存革命。他们将梅林、龙村农民自卫军骨干安排在梅冈寺整训，由教导队长古怀负责训练。1930年4月，在梅冈寺重建第八区苏维埃政府，并在此办公。

### 一点通

广东区委委派黄埔军校生支援五华县古大存革命，是上级机构总体战略布局中的一部分，骨干人才对革命起着非常重要的作用，对理解、执行上级决策具有特殊意义，使得地方革命斗争能更好地融入广东革命的总体布局中。

## 古大存故居

### 看今朝

古大存故居位于梅林镇优行径村，建于清嘉庆年间。古大存故居于1984年10月被定为县级文物保护单位。1985年春，左横屋部分修复。1997年4月，古大存半身白玉石雕像落成。故居内还安放有许多革命文物、照片。每年前来观瞻的客人约2万人次，是五华县进行革命传统教育、爱国主义教育的重要场所。

### 思往昔

1925年，古大存受中共广东区委的派遣，参加东征。后奉命回家乡五华县开展农民运动，组织农民武装，配合东征作战。

古大存故居（图片来自五华县人民政府网）

"四一五"反革命政变后，古大存遵照党的指示，组织农民暴动，开展武装斗争，反抗国民党反动派的血腥屠杀。1928年，古大存创建八乡山革命根据地，并参与创建东江革命根据地和东江红军，先后担任中共东江特委委员、常委、军委书记，东江苏维埃政府副委员长，东江红军总指挥、红十一军军长，率领红军打了许多胜仗。他还与毛泽东、朱德等联名签署东江革命委员会关于执行土地革命政纲的布告，把农民武装斗争与土地革命结合起来，巩固和加强了东江革命根据地，使之成为中央苏区南面的有力屏障。

### 一点通

古大存为创建八乡山革命根据地、创建东江革命革命地、创建中国工农红军第十一军，为支援中央苏区斗争作出了卓越贡献。

## ⭐ 历史现场二 郭田镇

### 良贵楼、体璋楼——红十一军四十六团遗址

#### 看今朝

良贵楼与体璋楼是八乡山革命根据地鸿图嶂脚下郭田镇布美村的两处建筑，为刘氏于清朝中后期所建，建筑面积共约3000余平方米。这两处建筑的墙面上约有40多条红军标语。1984年五华县人民政府公布为文物保护单位。

郭田镇布美村良贵楼、体璋楼

## 思往昔

1930年5月至1931年春，古大存等领导东江红军第十一军在粤东八乡山开展活动，所属四十六团和随团军校驻在布美村，指挥部和军校领导机关设在良贵楼，长达半个月之久。驻扎期间，红军在这两处建筑物体的内外墙壁上用黑墨水写下许多宣传口号，如："割据全东江赤色政权！""实行土地革命！""不做童工！不做夜工！不做苦工！""没收帝国主义在华的企业和银行！""实行婚姻自由！"署名为红军、红军二大队、红军军校、布美乡革命红军等。

## 一点通

几十条宣传口号，点燃了布美村革命群众的星星之火，无数个像布美村这样的星星之火汇成八乡山革命根据地的战火，成为赣闽中央苏区的南部屏障。郭田镇斗争为建立八乡山革命根据地取得了战略缓冲时间，也为复兴东江革命作出了重要贡献。

## ★ 历史现场三　华城镇

### 宗圣祠——东征军政治部旧址、五华县农民自卫军模范队成立旧址

#### 看今朝

东征军政治部旧址位于五华县北部华城镇十字街石柱塘北边，为曾氏的清末建筑宗圣祠，五开间三进深，嵌有人物故事石浮雕。1994年五华县人民政府公布为县级文物保护单位。

#### 思往昔

1925年2月，广东革命政府第一次东征，于3月17日夜袭五华县城华城镇，打败了陈逆林虎部。周

宗圣祠

恩来率领革命军于3月18日进军华城镇。东征军政治部临时办公地点设在曾氏宗圣祠。周恩来等人在五华广泛发动群众革命，揭批地主恶霸，发动五华师生参与革命宣讲，传播三民主义。随军而来的黄埔学生军在此设立办事处，帮助组建五华县临时民主革命政府。1926年11月，中共五华县特别支部创设农民自卫军模范队，由黄埔军校生李斌任队长，贺民教和邓一分任教官。

## 一点通

五华县曾氏宗圣祠在东征中成为首次东征梅州的作战指挥中心，为东征的胜利作出了独特的贡献。后来此处成为农民自卫军骨干培训基地，为扩大农军队伍发挥了不可替代的作用。

平远县

历**史**背景

Lishi Beijing

　　东征军第一次到达平远是在1925年3月21日。陈炯明叛军第一军林虎和第四军李易标部两万余人，由兴宁败退至平远大柘、东石一带，被国民革命军第二师师长张民达率领的第三旅3000余人，以奇兵击退。国民革命军司令部设在丰光村姚海珊屋中。时在黄埔军校学生军教导团任连长的东石人黄梅兴主动请缨，率教导团三个连乘夜幕追至东石，将陈部打得落花流水。

　　东征军第二次抵平远是在1925年11月。为彻底打垮陈炯明残余势力，巩固国民革命的成果，这年的10月广东革命政府举行第二次东征。11月初，由冯轶裴师长率领的国民革命军第二纵队第十一师，进入平远。大军压境，驻平远县城仁居的叛军翁腾辉旅被迫投诚。

　　两次东征，以黄埔军校政治部主任周恩来率领的学生军教导团为主的宣传队伍积极活动，并注重留下"种子"，发展壮大组织队伍。第一次东征，除了驻在军队内的政治人员（即党代表）与教导团宣传人员经常到学校或街市上宣传革命思想外，周恩来还委任李实充、林筠度、韩祝三、姚仰璜等为国民党平远县党部筹备员，积极宣传三大政策，建立各区党部。第二次东征，第十一师党代表徐坚等政工人员到群众集会的场所、各学校进行演讲，如在附城中学门前召开的军民联欢大会上的演讲和在平远中学巡视时多次向全校师生所作的报告，生动阐释了孙中山先生"联俄、联共、扶助农工"的三大政策和中国革命的意义，唤起了青年学生起来革命的激情，使平远许多进步组织和进步社团得以蓬勃发展起来。许多热血青年投笔从戎，1926年暑假，仅平远中学就有余宝贤、林金荣等10人考入黄埔军校，投身革命。

　　1926年秋，中共汕头地委派魏挺群、连云鹊以农运特派员的身份到平远组织农民运动。他们深入乡村，一边留意身边的进步人士，一边指定专人负责各乡村宣传，开展"二五"减租运动。如：仁居、东石由林汉侗负责；坝头、大柘、热柘由余宝贤负责；石正由何振欧负责。以"二五"减租为中心工作的农运迅速在全县大部分地区开展起来。此时，东石铁民中学进步教师林汉侗成为在平远发展的第一位共产党员。

　　1927年春，中共梅县部委派杨广存到平远中学教书。杨广存到平远中学后，经常结合教学，宣传民主科学新思想，暗中物色进步师生，逐个培养，先后吸收了思想进步的李巴林、钟锡球等入党。于1927年3月8日成立了平远县第一个中共组织——平远中学党支部，杨广存任书记，李巴林负责组织工作，钟锡球负责宣传工作。中共平远中学支部成立后，吸收一批学生入团，并以学生会的名义开展各项活动，创办了《平中青年》周刊，及时报道新时事、新动向，逐步成为学生探讨革命道理、揭露弊政，交流学习心得的论坛。平远中学党支部在第二批吸收了朱天仁、刘仕祥、刘秀仁、林荣贤、李文光、黄维耀等12名学生入党。党员队伍壮大了，周围又有一批团员，因而在平远中学校园形成了浓郁的革命氛围。为了团结广大学生，党支部又以平远中学学生联合会和平远县学生联合会为平台，开展组织宣传活动，不久即成立了中共铁民中学支部，书记李兴祯。"四一二"反革命政变后，国民党以"清党"为名，到处搜捕屠杀共产党员，平远农运特派员魏挺群、连云鹊及在平远中学教书的杨广存先后奉命撤离平远。而在大埔、梅县执教或读书的平远籍共产党员林成藩、张昌英、曾庆禄则相继回到平远，秘密建立中共东坝支部。

随着1927年南昌起义部队进入东江转战潮汕的失利，平远区委有些领导人认为革命力量还过于薄弱，主张平远党组织暂时埋伏，党员自找生活出路，与区委保持联络，等待时机。林成藩、林汉倜相继出走南洋，张昌英亦外出他乡，个别党员意志动摇，革命形势一度出现沉寂的局面，仅有河头的太阳寨、潭背和杞树坝三个农会没有停止活动，农民的革命热情仍然高涨。

在八七会议确定的开展土地革命和武装反抗国民党反动统治的总方针指引下，1928年5月，平远党组织全面恢复活动，农民运动复燃，并从"二五"减租上升为打土豪、分田地，从组织农会上升为建立农民革命武装。党员曾庆禄以自己教书作掩护的东石毓秀书院（学校）为据点，秘密串联农运骨干。于5月19日晚，石北乡40多个农民聚集在灵水村平岽顶，秘密召开农会成立大会，选举曾庆禄、丘展鹏为正副主席。同时建立了平远县第一支农民革命武装——石北乡赤卫队，有队员20多人，李万炎为队长。接着还成立了石北乡妇女会和儿童团组织，陈亚惠为妇女主任，李良生为儿童团长。随后毗邻蕉岭的热柘磜尾村在蕉岭县主要领导人邓崇卯、赖清芳、陈德明等的帮助下，成立了以曹进洪为主席、曹贱桂为宣传委员、曹洪添为财政委员、丘添运为妇女委员的热水农会。不久，根据两地发展党员的情况，分别建立了灵水支部和热水支部，热水的赤卫队也紧跟着组建起来。翌年春，曾庆禄受聘为毓秀学校校长，他利用合法身份，公开聘请李万炎、黄荣章、李巴林、丘展鹏为教员，使县委机关驻地——毓秀学校成为党的安全基地，为县委领导全县革命斗争创造了有利的条件。

1929年10月中旬，红四军前委执行福建省委转来的中央关于"要开到东江去工作"，"使闽西东江联成一片"的指示，朱德军长和朱云卿参谋长率领红四军三个纵队兵分三路向粤东北（梅州）地区挺进：第一纵队由林彪、熊寿祺、萧克率领从福建上杭，经武平、蕉岭下梅县松源；第三纵队由伍中豪、蔡协民率领从武平出发经蕉岭到梅县松源；第二纵队由刘安恭、张恨秋率领从上杭出发，取道永定，10月19日，在大埔虎市击溃国民党驻军进入梅县松源。刚从上海向中央汇报工作并带回中央指示的陈毅，亦于22日晚与红四军军部及三个纵队会合。

31日，红四军反攻梅城，梅城守敌负隅顽抗，且大批援军迫近，于是，红四军主动撤出战斗，向北转移。

红四军撤离梅城后，于11月1日上午到达平远石正墟。当天中午，红四军政工人员在墟上召开群众大会，宣传共产党的政治主张和红军的性质，还在石正墟上书写了很多墙标；朱德到石正中学作了"要为革命读书、读书不忘革命"的演讲。当晚，红四军各部分住在石正中学及附近农家，而军部和领导人住在天主教堂（今石正小学）。陈毅主持召开了前委扩大会议，总结了出击东江梅州的经验教训，传达贯彻了刚从上海带回来的党中央指示（即"九月来信"），开始酝酿纠正红四军内部各种错误思想，确立党对红军绝对领导的原则，明确"一定要经过群众路线"的工作方式，并拟报告粤省委转报中央。

红四军首进平远期间，石正人民主动献粮送茶，自愿运送辎重粮草并充当向导。11月2日，引领红军到江西寻乌大田休整。

11月13日至15日，朱德率领的红四军三个纵队为与毛泽东率领的第四纵队会合，一起讨论和研究如何贯彻中央"九月来信"精神，准备召开红四军第九次党代会，由赣南回师闽西时经过平远。13日，朱德军长率领红四军由寻乌的留车出发，经上磜进入平远的八尺角坑、老圩，当晚攻占平远县城仁居，收缴了国民党警察局的军械，破狱释放了全部在押人员。

1930年1月，兴（宁）、平（远）、寻（乌）、龙（川）四县反动武装"会剿"寻乌县委机关驻地大田一带红色区域。兴、平、寻、龙四县县委遂制定反"会剿"的战略：在反动武装未接近大田时，先找其薄弱一环，击溃其一路，使其各路观望，然后再择击其一路，使反动武装"会剿"解体。四县革命武装首先击溃了牛斗光一路谢家猷部500多来犯之敌。消息传出，龙图一路的寻乌县警500多敌兵，大信一路的兴宁谢海筹、陈尧夫部600多敌兵，观望不前，只有丹溪一路平远县警三个中队、李碧豪部和河八地方民团800多敌兵，仍然继续来犯。防守丹溪来敌的平远县委及其赤卫队70人面临着一场鏖战。为了拖住敌人，赢得时间，使整个反"会剿"计划得以实现，丹溪赤卫队利用有利地势，山山抵抗，步步设陷，两天后反动武装才进入丹溪。反动武装进入丹溪后，又被平远赤卫队阻击拦截了两天，第四天反动武装进入彭皮湖，直至第五天反动武装才艰难进入大田。这时，阻击牛斗光之敌的红二十一纵队已顺利回来，兴宁县赤卫大队亦从大信赶来增援。次日红军组织反击，分三路反攻，赤卫队员协助，经三个小时激战，七次冲锋，终于将反动武装阵地冲垮，反动武装溃不成军，狼狈逃窜。

不日，不甘失败的国民党平远县县长罗俊超，再次串通寻乌反动武装2000余人进犯大田，因赤卫队弹药不继，加之敌我力量悬殊，大田被反动武装攻陷，寻乌县委驻地被毁，四周碉堡及民房被焚烧净尽。

根据东江特委的指示，在蕉平边区成立了蕉平县革命委员会，主席赖清芳，委员张昌英、邓崇卯、陈德明等，开展土地革命宣传，张贴布告，号召建立苏维埃政府。2月中旬，刘光夏在寻乌主持召开兴、平、寻、龙四县联席会议，大会决定组织红五十团。红五十团以江西寻乌红二十一纵队为基础，抽调各县赤卫队充实之，以刘光夏为团长，政委陈俊（红四军留下干部），参谋长邝才诚，政治部主任袁荣。红五十团一组建，就主动出击歼灭平远石正团防，摧毁八尺乡公所，到肥田等地开展打土豪分田地的宣传，为各地农会组织撑腰。至红四军分兵平远前夕，平远全县有东石、河头、丹溪3个区委25个党支部160多名党员，农会会员1万多人。

1930年3月18日，以毛泽东为书记的红军共同前委在江西赣州楼梯岭发布《前委通告第三号》，作出了红四军三个月分兵游击，向广东平远等地扩大红色区域的计划。5月，红四军第一纵队为帮助地方组织红色武装，建立红色政权，扩大红色区域，决定分兵平远、安远和寻乌。

红四军进驻平远后,司令部驻萧公祠,政治部驻仁居中学,后勤处驻张家试馆,军需处驻善友草庐。为了帮助人民群众加深对共产党、工农红军的认识,消除国民党对共产党、工农红军的反动宣传造成的影响,红四军利用多种形式开展政治宣传:一是挨家挨户开展串联发动,召开座谈会、群众大会,宣传红军的性质、宗旨。阐明红军是工农的军队,是穷人的军队,是帮助工农打土豪的,白军是帮土豪压迫工农的;共产党领导的红军是帮民众翻身的,红军中官、兵、伕薪饷穿吃一样,国民党军里将、校、尉起居饮食不同。二是采割棕树枝做笔,熬煮墨角、乌烟或用石灰水作颜料,在主要路口、街头等民房墙上书写墙标,开展革命宣传。三是教唱红军歌曲,红军官兵每天早上操练时大唱红军歌曲,而且在城乡的街头巷尾、禾坪、树荫,以及会议召开前教群众歌唱红军歌曲。形式多样的宣传使平远人民觉醒起来了,懂得了革命的目的,看到了中国革命的希望。红军官兵又言行一致,不喝酒、不赌钱、不调戏妇女、说话和气、买卖公平,不骚扰百姓,以严明的纪律博得群众的信任和拥护。全城各商店迅速正常营业,盐业、京果业的老板积极组织货源,雇人到福建武平县的下坝等地挑运食盐、咸菜、咸鱼、杂货。米铺老板积极组织加工大米,老百姓宰猪杀牛,确保红军部队的物资供应,市场更加繁荣。广大民众踊跃参加赤卫队、农会、工会、商会,掀起轰轰烈烈的革命斗争高潮。

红四军一面广泛宣传发动群众,一面指导和帮助平远建立红色政权,组织工农武装。红四军第一纵队政委彭祐、政治部主任谢唯俊指导中共平远县委召开40多人参加的全县党员代表大会，讨论和研究建政、建军和组织农民暴动等问题，决定将全县划为8个行政区，并建立相应的党政军组织。一区辖仁居、邹坊、黄畲三乡；二区辖八尺、河头（含中行）两乡；三区辖东石（含上举）、泗水、坝头三乡；四区辖大柘、超竹两乡；五区辖石正一乡；六区辖热水、小柘、长田三乡；七区辖差干一乡；八区辖寻乌丹溪属茅坪上村、茅坪下村、里坑、彭公寨四乡（大信划归兴宁）。分期分批开展暴动和建立区、乡革命政权。

红四军第一纵队进驻平远虽然只有短短的18天，但这是红四军在我党确立正确的建党建军原则、贯彻古田会议精神进入广东的第一站，帮助平远发展壮大了党组织，成立了县区革命委员会、工会、农会、商会和乡村农会等红色政权组织，开展了以打土豪分田地为中心的农民暴动，从而，激发了群众拥护红军，热爱共产党，保卫红色政权，支援红色根据地的自觉性。从此，平远苏区军民与苏区核心区军民并肩战斗，一起创建中央苏区。

**出行路线**

**仁居镇—东石镇—大柘镇**

● **出行建议** ━━━

　　在仁居镇的参观时间大约需2小时，建议在当地用午餐。14点出发，大约14点30分到达东石镇，参观约为1小时。15点30分出发，16点30分抵达大柘镇，参观约2小时。

# 情况介绍

Qingkuang
Jieshao

## ⭐历史现场一 仁居镇

### 红四军革命旧址群

#### 看今朝

仁居镇善友草庐为红四军第一纵队军需处旧址，整屋坐北向南，面阔15.7米，进深14.2米，占地256平方米。

平远县红军纪念园

老东门街谢屋红军标语位于仁居村东门街10号谢屋，标语写在中厅及上天井南北厅墙壁批荡层上，是1930年5月红四军第一纵队的宣传员用墨汁书写在墙壁上的，共10条，主旨是宣传共产党的方针、政策，帮助人民群众认识红

军。平远县人民政府于2009年7月将其确认为重点文
物保护单位，2012年10月，被广东省人民政府公布为
第七批广东省文物保护单位。

仁居镇还有司令部旧址泰山萧公祠、后勤处旧址
张家试馆、驻扎地下四家李屋、广东四大银行金库
旧址、政委驻地华宝馆、第二纵队第四支队驻地旧
址陇西堂及仁居村东门街10号等，都是省、县文物保
护单位。

平远县红军纪念园位于仁居镇。纪念园园区有
200亩之广，分为展馆区、雕塑区、纪念亭和休闲观
光区。其中，红四军纪念馆展区面积为810平方米，
分6个部分23个单元，用文字、实物和图片翔实展示
了红四军在井冈山诞生，三进平远，帮助平远建立县
级红色政权等历史情况。该纪念园是广东首个以纪念
中国工农红军历史为主题的纪念公园，现为梅州市爱
国主义教育基地、广东省红色旅游示范基地。

红四军纪念园

## 思往昔

1929年11月13日至15日，红四军军长朱德、前委书记兼政治部主任陈毅、参谋长朱云卿等率领红四军第一、二、三纵队6000多人由寻乌回师闽西途经仁居，第一、二、三纵队驻扎在善友草庐、泰山萧公祠、张家试馆、下四家李屋，军部驻扎在仁居中学，第二纵队第四支队驻扎在陇西堂。

1930年5月14日至31日，红四军第一纵队军需处设在善友草庐，红四军第一纵队在司令员林彪、政治部主任谢唯俊、政治委员彭祜率领下从江西寻乌分兵平远，政治部设在仁居中学，司令部设在泰山萧公祠，后勤处设在张家试馆，第一纵队第一、二、三支队驻扎在下四家李屋。

1929年至1930年间，红四军在朱德、陈毅、罗荣桓等老一辈革命家的带领下三进平远，两度驻扎仁居镇宣传革命思想、建立革命政权、开展土地革命，留下了光辉足迹。

朱德、陈毅和林彪率领红四军于1929年11月和1930年5月先后三次到达平远仁居，为拱卫毛泽东同志在寻乌开展调查研究和为红军筹粮筹款的重大任务提供了极其重要的支撑和保障作用。他们在仁居，挨家挨户宣传红军的性质、宗旨，教唱红军歌曲，书写大量墙壁标语进行宣传。使群众懂得红军是工农的军队，是穷人的军队。

军需处旧址——仁居善友草庐（转自《平远县革命老区发展史》）

政治部旧址——仁居中学文昌阁（转自《平远县革命老区发展史》）

### 一点通

1929年10月，朱德率领的红四军在攻打梅城失利之后实施战略转移，在东江特委梅县县委的护送下撤退到平远石正、仁居一带。红四军和蕉平红军一起在此总结失败教训，形成《前委报告》报粤省委并转报中央。红四军广泛展开政治宣传，有效反击国民党当局的污蔑，帮助群众认识红军、拥护红军。

## ★ 历史现场二 东石镇

### 毓秀书院

#### 看今朝

该书院位于平远县东石镇灵水村白岌下，始建于清朝光绪年间，一直为学校使用，因此又称毓秀学校。毓秀书院内的展览厅对平远县革命史料、图片和实物进行了陈列。现在已经将之建成平远县爱国主义教育基地，被认定为梅州市人文社会科学普及示范基地，集大众教育、党员教育、廉政教育于一体。

#### 思往昔

1925年，东征军进入平远后开始进行革命活动，对广大群众进行马克思主义的宣传。曾庆禄

平远县毓秀书院（陈文辉提供）

在东山中学求学期间加入中国共产党，学成返乡后积极向群众宣传革命道理，讲解农民受剥削的根源，并在东石、灵水发展党组织，在石北乡毓秀书院发展党支部。1928年5月，曾庆禄在毓秀书院秘密从事革命活动，成立石北乡农会和石北乡赤卫队，8月建立中共灵水支部。同年10月，中共平远县委成立，县委机关设在毓秀书院。1929年3月，中共东石区委在毓秀书院成立。同年9月，在毓秀书院成立平远县第一个苏维埃政府——石北乡苏维埃政府。

1929年4月，曾庆禄被聘请为该院的校长，他充分利用好具有隐蔽性的职业身份，将一些共产党员聘请到书院教书，如李巴林、李万炎、丘展鹏等人，他们都对苏维埃政府的成立及发展起到重要影响。曾庆禄在1929年成立苏维埃政府，并当选为主席，同时成立赤卫队、儿童团、妇女委员会等。

苏维埃政府成立后，各机构也迅速建立并成长起来，带领各个群体进行革命宣传等活动：到附近村庄张贴标语、剪断敌人电话线、打听消息，领导农民群众向地主富农要求减租减息。

除了发动群众积极宣传革命，苏维埃政府成立后曾多次受到国民党的"围剿"，红四军奉命北撤后，敌人疯狂反扑，发生了冷水坑战役，在东石也组织了反"围剿"斗争。


### 一点通

毓秀书院不仅是党支部发展党员的地方，还是赤卫队、儿童团、妇女委员会发展的地方；不仅是革命火花迸发的地方，也是革命火种传播的地方，为培养革命骨干起到了独特的作用。

## ★ 历史现场三　大柘镇

### 东征军司令部驻地旧址

#### 看今朝

诒德楼坐落在平远县南部大柘镇北部丰光村，其正门前方为大柘镇通往八尺镇的公路，坐东南向西北的两层楼建筑，上下两堂。

诒德楼——东征军司令部驻地旧址（陈文辉提供）

#### 思往昔

东征军第一次到达平远是在1925年3月21日。陈炯明叛军第一军林虎和第四军李易标部两万余人，由兴宁败退至平远大柘、东石一带，被国民革命军第二师师长张民达率领的第三旅3000余人，以奇兵击退。国民革命军司令部设在丰光村姚海珊屋中。时在黄埔军校学生军教导团任连长的东石人黄梅兴主动请缨，率教导团三个连乘夜幕追至东石，将陈部打得落花流水。

东征军第二次抵平是在11月。为彻底打垮陈炯明残余势力，巩固国民革命的成果，这年的10月广东革命政府举行第二次东征。11月初，由冯轶裴师长率领的国民革命军第二纵队第十一师，进入平远。大军压境，驻平远县城仁居的叛军翁腾辉旅被迫投诚。

两次东征，以黄埔军校政治部主任周恩来率领的学生军教导团为主的宣传队伍积极活动，并留下了"种子"，发展壮大组织队伍。第一次东征，除了驻在军队内的政治人员与教导团宣传人员经常到学校或街市上宣传革命思想外，周恩来还委任李实充、林筠度、韩祝三、姚仰璜等为国民党平远县党部筹备员，积极宣传三大政策，建立各区党部。第二次东征，第十一师党代表徐坚等政工人员到群众集会的场所、各学校进行演讲，在附城中学门前召开的军民联欢大会上的演讲，在平远中学巡视时多次向全校师生所作的报告，都生动阐释了孙中山先生"联俄、联共、扶助农工"的三大政策和中国革命的意义，唤起了青年学生起来革命的激情，使平远许多进步组织和进步社团得以蓬勃发展起来，许多热血青年投笔从戎，1926年暑假，仅平远中学就有余宝贤、林金荣等10人考入黄埔军校，投身革命。

### 一点通

周恩来率领东征军来到平远，打击了陈部叛军，传播了孙中山先生的"新三民主义"，让平远青年获得革命思想的洗礼，促使部分青年考入黄埔军校深造，激起了学子们投笔从戎的行动，为平远即将到来的土地革命点燃了革命思想的火种。

路线八

蕉岭县

# 历史背景
Lishi Beijing

蕉岭县是闽粤赣三省交界处的一个山区小县，位于广东省东北部，西连平远县，东南与梅县接壤，北与福建省武平县、上杭县相连，面积960平方千米，土地革命战争时期蕉岭县人口10万余人。

1925年3月22日，叶剑英、张民达领导的东征军进驻蕉城后，宣传孙中山"联俄、联共、扶助农工"的三大政策。东征军的到来，在一定程度上促进了蕉岭民主革命运动的兴起和发展。1925年，中共广东区委决定成立中共潮梅特别委员会，在潮梅地区开展工作，促使蕉岭加快了党团组织建设的步伐。1927年，国民党发动"四一二"反革命政变，在北京、上海、广州等地的蕉岭籍共青团员徐持、邓崇卯、刘安、钟慕光、林敬修、陈顺侯、陈杰生、钟占文、刘安、陈顺云等先后回到蕉岭。钟慕光首先提议在蕉岭建立中国共产党组织。7月，徐持、钟慕光、钟占文在三圳九岭村村民钟双义开办的拳馆秘密建立了蕉岭第一个中共支部——蕉岭九岭支部，推举徐持为党支部书记，钟慕光为组织委员，钟占文为宣传委员。

中共蕉岭九岭支部建立后，以三达学校为活动基点，发展进步教师加入党团组织，开办农民夜校，宣传共产党的方针、主张。1927年八九月间，九岭党支部领导人以三圳公学同学会的名义，组成革新三圳公学的班子，直接参与学校领导，组织学生印发传单，张贴标语，宣传共产党政策，每逢三圳圩日就上街头演讲，揭露国民党的腐败行径。

1927年8月，上级党组织要求蕉岭按照"中央工农革命委员会通告"，根据蕉岭的革命形势实际，部署串联和发动县委有组织的武装革命力量，做好迎接南昌起义大军南下广东的有关事宜。10月，蕉岭县工农革命委员会成立，推举徐持为主席，委员有陈杰生、陈顺云、钟慕光、钟占文等。蕉岭的党组织及时根据八七会议精神，制定了领导工农武装暴动、实行土地革命、夺取政权、建立苏维埃政府的斗争计划。蕉岭党组织领导人徐持、钟占文、钟慕光等，组织党团员、进步群众，做好策应起义军的工作，准备在蕉城举行武装暴动，动员拥有武装的对象参加暴动和群众紧密配合，南昌起义大军一旦进入蕉岭，即里应外合，攻打蕉岭县城。由于南昌起义部队未经蕉岭境内，而且刚刚组织起来的农民武装力量比较弱小，武装暴动未能按计划实施，但在一定程度上推动了蕉岭革命斗争的向前发展。

1927年12月初，中共蕉岭特别支部秘密通知全县党员集中于新铺龙虎薮赖汉文家召开会议，出席会议的党员有30多人。这次会议成立了中共蕉岭县委员会，选举徐持为县委书记，赖德君为组织委员，钟慕光、钟占文为宣传委员，钟九连为组织委员兼交通员，陈杰生、陈顺云为军事员。新成立的中共蕉岭县委隶属中共东江特委领导，县委机关设在尖坑村。

1928年1月，中共广东省委发出《潮梅暴动计划》，中共东江特委也发出《发展暴动计划》，明确提出"以年关暴动去引起东江大暴动，完成东江割据"。中共蕉岭县委按照中共东江特委的要求，利用年关地主豪绅对农民催租逼债、农民怨气冲天的机会，经蕉岭县委成员与中共梅县县委组织部长杨雪如共同商讨研究，决定在蕉岭县新铺发动武装暴动。新铺地处蕉岭南端，是梅县、蕉岭、平远交会的大圩镇，也是粤东通向赣南的经济镇，地理位置十分重要，在这里武装暴动影响较大。通过暴动牵制和打击物价，配合九龙嶂革命根据地的反"清剿"斗争。

由于蕉岭县委成立不久，县委大部分领导刚从外地回来，而且分散在各自乡村，装配为大刀长矛、棍棒梭镖、镰刀锄头，不足以支撑大规模的武装暴动，上级党组织指示联合原陈炯明残部张齐光、陈卓超、钟葵江的武装队伍举行暴动。张齐光等人在陈炯明被东征军打败后，在蕉岭、梅县一带落草为匪，早在1927年梅县工农武装暴动队退据新铺、徐溪一带时，张齐光等人曾主动迎接会见杨雪如，表示了共同反蒋的愿望。蕉岭县委派陈杰生、邓克琳、林益青等人事先插入张齐光的队伍中，在士兵中做鼓动工作，使张齐光等人同意配合举行武装暴动。

1928年1月4日清晨，徐持、钟慕光、陈顺云、钟占文等率领近200人的队伍与经梅县石扇绕道新铺的张齐光、陈卓超、钟葵江等部100多人会合。进行一番部署后，午后新铺武装暴动战斗正式打响。暴动队伍包围了新铺商团武装和警察所，打死商团武装2名，缴获长短枪40多支、弹药一批，暴动取得了胜利。暴动队伍占领新铺后，徐持等人在镇南中学（今新铺中学）内操场召开群众大会，发表演说，揭露国民党反动派破坏国共合作、制造反革命政变的真相，宣传中国共产党反帝反封建的政治主张，号召贫苦农民参加农会和赤卫队。暴动队伍在新铺街头张贴标语，安抚百姓，召集新铺商贾开会，筹款募捐，查封了张福源布店、均兴油盐店、陈远元粮店等反动商号，把没收的物资分发给贫苦群众，受到群众的热情拥护。1月6日，暴动队伍撤离新铺，分散隐蔽。

新铺武装暴动是中共蕉岭县委根据上级党组织的指示，精心策划的一次工农武装暴动，它与各地武装暴动遥相呼应，分散了反革命武装的力量，减轻了梅埔革命根据地的压力，达到了打击和牵制敌人的目的，有力地支持了九龙嶂根据地的反"清剿"斗争，为巩固扩展革命根据地、发展壮大工农武装作出了贡献。新铺武装暴动的成功，揭开了蕉岭工农武装割据斗争的序幕。

到1928年8月止，蕉岭地方党组织已经建立了油坑、三坑、黄沙以及左槐、乌土等革命基点，初步形成了工农武装割据的局面，使党的活动和革命武装有了立足点，为创立苏维埃政权、建立中央苏区打好了基础。

1928年9月，中共蕉岭县委在新铺油坑半山张屋召开县委会议，参加会议的有钟占文、赖德君、张宏昌、宋永兴、宋金兴、赖清芳、邓崇卯、钟维敏、余丁烈等10多人，会议补选张宏昌为县委书记，宋永兴为工运委员，钟维敏为农运委员。

1928年冬，平远县委选送了陈学生、黄锦秀等6人加入东江（蕉岭）红军独立营。张宏昌领导独立营突袭平远的柚树、热柘自卫大队，缴获枪支8支，弹药一批。独立营还在平远热水一带宣传发动群众，发展一批党员，建立了中共热水支部，张宏昌任支部书记。此后，蕉、平两地县委共同斗争，密切配合，互相支援。

红四军到蕉岭，为蕉岭人民增添了革命斗志。蕉岭党组织一面迎接配合红四军，为红军带路、侦察敌情，收购粮食等物资；一面向军长朱德汇报了蕉岭的革命斗争形势，得到了朱德的肯定。蕉岭工农武装和农会组织在红四军的支持下，得到壮大和发展。蕉岭县委依据形势，成立了蕉岭县革命委员会，推动了蕉岭县苏维埃政府的成立，蕉岭苏区建设进入一个新的时期。红四军离开后，蕉平县委领导革命武装，积极开展活动，牵制敌人，支援东江各地的革命斗争，并配合红四军第一纵队打通了闽粤赣红色边区的通道，实现了蕉岭、平远和寻乌红色土地的连接，为蕉平寻中央苏区的形成奠定了基础。

1930年2月，东江特委派巡视员刘光夏到蕉平县委驻地三坑，传达东江特委的指示，要求蕉岭党组织领导农民实行土地革命，建立苏维埃组织。3月，三坑召开农民协会会员代表大会，每20人选出代表1人参加会议，代表在会上报告所在地方的债务、田地情况，开展实行平分田地、取消老租老息的斗争。

蕉岭县苏维埃政府成立后，随即领导苏区人民开展打土豪斗地主、实行土地革命。在苏维埃土地科的领导下，每村指定3至5人为土地委员，负责调查全村土地分布情况、占有情况，制订出公平的分配方案，召开村民代表会，公布分田数量，宣布地主、封建公尝的土地没收，分配给全体贫苦农民，新分的土地不得买卖抵押。蕉岭县苏维埃政府领导苏区人民重新分配土地后，即按新分户进行耕种，苏区贫苦农民第一次成了土地的主人，生产积极性空前提高，苏区呈现一派新气象。到1930年底，蕉岭苏区开始进入土地革命斗争全盛时期。

# 参观建议

Canguan Jianyi

新埔镇—三圳镇

## ● 出行建议

　　进入梅州后，早上8点自驾从梅州市人民政府出发到蕉岭县新埔镇尖坑村，约9点左右抵达，参观大约需1小时。上午10点从新埔镇尖坑村出发，10点30分左右抵达三圳镇东岭村，参观大约2小时。

# 情况介绍

Qingkuang
Jieshao

★ **历史现场一** **新埔镇**

## 中共蕉岭县委第一次代表会旧址

### 看今朝

　　该旧址位于蕉岭县新埔镇尖坑村，建于清代，面积约200平方米，二进院落，四合院式布局，土木结构。2014年经蕉岭县人民政府批准，列为第六批县级文物保护单位。

中共蕉岭县委第一次代表会旧址（陈文辉提供）

**思往昔**

1927年12月初，中共蕉岭特别支部秘密通知全县共产党员集中于新埔镇尖坑村龙虎薮赖汉文家召开中共蕉岭县委第一次代表会。出席会议的代表有30多人。会议成立了中共蕉岭县委员会，选举产生中共蕉岭县委委员7人，徐持当选县委书记，赖德君为组织委员，钟慕光、钟占文为宣传委员，钟九连为组织兼交通员，陈杰生、陈顺云为军事委员。这次会议，还作出了在新埔举行武装暴动的决议。赖清芳作了工作报告，鼓舞了与会者的信心和斗志。中共蕉岭县委隶属于中共东江特委领导，并配合九龙嶂革命根据地的反"清剿"斗争，实现蕉平寻苏区连片，对推动革命发展作出重要贡献。

**一点通**

中共蕉岭县委的成立，标志着蕉岭人民的革命斗争进入了一个新的时期，人民有了中国共产党的领导，斗争的信心更足了。中国共产党组织在蕉岭的建立和发展，使蕉岭的革命斗争有了掌舵人，步入了正确的前进方向，开创了革命斗争的新局面。

**历史现场二** 三圳镇

## 蕉岭县（东岭）革命历史纪念馆

### 看今朝

蕉岭县（东岭）革命历史纪念馆位于蕉岭县三圳镇东岭村，由东岭村原牖民小学礼堂改建而成。馆内按蕉岭革命历史分项布局，一共分为九部分，重点展示蕉岭革命历程、革命事件、革命人物、革命史迹、抗日英烈等内容。整馆采用红色革命主题，展馆内陈列的珍贵展品，大部分是面向全市征集而来。展馆利用全息数字沙盘，实现人机互动，使参观者获得最佳体验感受。展馆为党员群众开展学习活动提供了良好条件，各地党员群众纷纷到此地进行学习教育活动。

蕉岭县（东岭）革命历史纪念馆（陈文辉提供）

## 思往昔

土地革命战争时期，蕉岭籍革命先驱陆续回到家乡，点燃革命斗争的烈火，1927年7月，在三圳九岭成立蕉岭第一个中共支部。接着，新铺支部、长江支部、乌土支部相继成立。同年12月初，中共蕉岭特别支部在新铺龙虎薮召开会议，成立了中共蕉岭县委员会。

1929年10月，红四军在朱德军长的率领下进入蕉城，宣传革命，推动了蕉岭土地革命运动。同年10月，中共成立了以毛泽东、朱德、古大存等7人为主席团的东江革命委员会，并发布了《东江革命委员会关于公布执行土地政纲的布告》。到1930年初，蕉岭革命形势蓬勃发展，农民协会组织和赤卫队遍地开花。1930年4月，蕉岭县革命委员会宣告成立。10月10日，蕉岭县革命委员会在三坑下畲村召开工农兵代表大会，蕉岭县苏维埃政府宣告成立，选出钟永佛为苏维埃政府主席。蕉岭县苏维埃政府成立后随即领导苏区人民开展打土豪斗地主、实行土地革命，没收封建公尝和地主的土地，烧田契，出谷仓，充实了蕉平红军独立营以及各村赤卫队的武装组织，蕉岭苏区开始进入土地革命斗争全盛时期，为蕉平寻苏区的建立创造了有利的条件。

## 一点通

蕉岭的革命斗争活动如火如荼，工农武装不断壮大，革命火种遍布蕉岭，苏区气象初显。红四军进入蕉岭后，推动了蕉岭的革命斗争，也促进了蕉平寻中央苏区的进程。蕉岭成立了苏维埃政权，开展了轰轰烈烈的土地革命，同时，面对反动势力的反扑，蕉岭人民在党的领导下，顽强地坚持斗争，直到党中央作出英明决策，把蕉岭、平远、寻乌联合建立县委、县苏维埃政府，成为中央苏区的南大门，拱卫中央苏区。

饶平县

# 历史背景

Lishi Beijing

　　1925年3月，在第一次东征期间，东征军进入潮汕，为潮汕党团组织的建立奠定了基础。以林琮璜为代表的进步青年，在外地读书时就加入了中国共产党，并陆续回到县内领导工农运动。12月，在周恩来的提议下，中共潮梅特别委员会成立，统一领导潮梅地区党的工作和革命运动。

　　1926年1月，中共饶平县支部于饶城成立，饶平县成为闽粤边各县建立党组织较早的县。到1926年2月底，饶城、黄冈各行业工会继续扩大，浮山木船工会和洪洲轮渡工会，东界、海山晒盐工会，新丰九村瓷业工会相继成立，行业工会遍及饶平各地，会员3000多人。而后在饶城召开了饶平县第二次工人代表大会。农运在此期间，也取得了重要进展，上饶区的二祠、水口、石井、茂芝、岭案、双善等村都建立了农民协会。

1927年7月，中共饶平县委成立，书记杜式哲。此后开展了第一次攻打饶平县城、浮山暴动、支援大埔县高陂暴动等一系列武装斗争。同年10月，朱德率领南昌起义军2000多人抵达饶平，并支援饶平农军第二次攻克饶平县城。朱德在茂芝全德学校召开军事会议，作出"穿山西进，直奔湘南"的正确战略决策。

1928年2月，广东省委委派徐光英到饶平协助恢复工农武装，组织一支10多人的游击队，赤卫队和游击队经常打入白色乡村抓地主打土豪，潜入县城骚扰国民党驻军，扩大斗争影响。

饶平是闽粤边区建立党组织、开展武装斗争和建苏分田较早、影响较大的地区。饶平红色割据区域的形成，为饶和埔诏苏区的创建奠定了坚实基础。1929年10月，饶平、大埔、平和召开三县联席会议，成立军联委机关。饶平县委和三县军联委收编国民党蒋光鼐部驻饶第三营第十三连起义部队，并以这支起义部队为基础，创建了红军四十八团。之后，迅速扫除了饶平北部、大埔东部、平和长乐一带民团和反动据点，饶和埔边境遂连成一片。当月，毛泽东、朱德率领的红四军开赴东江后，饶和埔与闽西革命根据地连成一片。

1930年11月，中共中央南方局根据《中央政治局关于苏维埃区域目前工作计划》的指示精神，决定由闽西特委负责改组整合饶平县委、平和县委、大埔县委，成立中共饶和埔县委，统一领导饶平、平和、大埔的赤色区域和白区革命工作。同年12月，饶和埔县委在大埔县和村成立，书记丘宗海。饶和埔县委把原饶平、大埔、平和三县所辖地区划分为10个区，饶平分黄冈、浮山、上饶3个区，不久又将饶平的九村和大埔的光德瓷业区划为第十一区。饶和埔县委成立后，属于闽西苏区管辖范围。

1931年2月，饶和埔县第一次工农兵贫民代表大会在大埔大产泮村召开，成立饶和埔县苏维埃政府，选举陈彩芹为主席，委员有连铁汉、詹瑞兰、谢卓元、刘振群、张华云等人。会议第三天因敌人重兵包围而中断。饶和埔县委、县苏维埃政府干部在饶和埔独立营和红军第三连掩护下，转移到饶平的白花洋村，建立白花洋据点，饶和埔革命指挥中心从大埔转到饶平。同时，恢复饶平第三区区委、区苏维埃政府，县委委员谢卓元兼任区委书记，詹涌波任区苏维埃政府主席，继续领导上饶建苏分田的斗争。不久，县委书记丘宗海、县苏维埃政府主席陈彩芹在转移途中相继牺牲，饶和埔县委、县苏维埃政府又从白花洋村转移到诏安秀篆石下村，继续开辟饶平、诏安边境根据地。这个时期，闽西苏维埃政府对饶和埔苏维埃政府红军扩编、财政等工作作出了具体部署，饶平相应地承担了闽西苏维埃政府下达的任务。

为恢复和发展饶和埔革命根据地，1931年4月，中共闽粤赣特委派原饶平县委书记刘锡三接任县委书记，饶和埔县委改称为饶和埔诏县委，依然辖11个区。同年6月，中共闽粤赣特委派陈明昌到饶和埔诏县委任委员，传达省委扩大红军、纠正错误"肃反"的指示。饶和埔诏县委停止了"肃反"，扩大饶和埔诏红军第三连。此后，红三连多次打击饶平境内深峻、九村等地的反动民团，恢复了进入闽西的通道。同年9月，中央苏区第三次反"围剿"后，闽粤赣苏区及时打通与饶和埔的联系，和赣南、闽西很快连成一片。同年11月，余丁仁等三人代表饶和埔诏县到江西瑞金出席中华苏维埃第一次全国代表大会。

从1930年12月饶和埔县委成立至1931年底的一年多时间，县委、县苏维埃政府在饶平境内开展建苏分田、武装斗争进入全盛时期。

1932年4月，中央红军攻占闽南重镇漳州，推动了饶和埔诏革命形势的发展。同年6月，饶和埔诏在诏安石下村召开工农兵代表大会，成立饶和埔诏苏维埃政府，余丁仁任主席，谢卓元任裁判部长，陈明昌任军事部长，同时设立军事、粮食、土地三个委员会。同年7月，县委召开扩大会，根据苏区中央局关于"扩大苏区到广东境内，恢复和发展饶和埔苏区"的指示精神和饶和埔诏苏区的革命斗争形势，作出《关于夏收斗争与"八一"工作布置》，提出"组织和发动群众，开展抗租、抗税斗争，重申土地革命，扩大游击"的战争方针。会后，县委分头开展工作，第三、第四、第五、第九和第十一区的区委和苏维埃政府得到了恢复，有198个村继续进行分田。同时，在饶诏边境的第一区黄冈、第二区浮山建立了后方军械修造厂，创办消费合作社和医疗所，并在白区饶平县城秘密设置购销站，千方百计筹集苏区军民急用物资。苏区在工作恢复的同时，也遭受敌人重兵的反复围剿，革命力量损失惨重。同年11月，陈明昌等9人于上饶的双善、岩下、鸟市里、里坑村一带开展游击活动，在里坑村与国民党军队战斗中牺牲。

1933年春，余丁仁代理饶和埔诏县委书记。刘锡三转到饶平浮山打石埔村养病，继续指导浮山、黄冈区一带开展抗租、抗税斗争，开展土地革命，扩大游击战争工作。同年9月，刘锡三在饶平浮山打石埔村遭敌人围捕牺牲。同月，福建省委派赖洪祥接任县委书记。同年10月，刘万士出席在汀州召开的福建省苏维埃代表大会。1934年1月，刘万士又代表饶和埔诏县到瑞金出席中华苏维埃第二次全国代表大会。

# 参观建议

Canguan Jianyi

## 出行路线

上饶镇—三饶镇—海山镇

### ● 出行建议 ━━━

　　早上8点从饶平县城出发，9点30分抵达上饶镇茂芝会议纪念馆，参观约1个小时，从这里再出发，约11点30分抵达三饶镇参观中共饶平县支部旧址，参观完后就地吃午餐。14点出发，15点30分抵达海山镇隆西村长征干部李沛群纪念馆。17点返回饶平县城。

# 情况介绍

Qingkuang
Jieshao

★ 历史现场一 **上饶镇**

## 茂芝会议纪念馆

### 看今朝

　　茂芝会议旧址位于饶平县上饶镇东北部茂芝圩上，原名龙冈书室，俗称塘唇书斋，有一间教室、一个房间、一个天井，占地面积300平方米。2018年修建茂芝会议纪念馆，占地面积达1000平方米。茂芝会议旧址现为广东省爱国

茂芝会议纪念馆

主义教育基地、广东省干部党性教育基地、广东省国防教育示范基地、潮州市干部党性教育基地、饶平县第一批县级文物保护单位。

### 思往昔

朱德留守三河坝时,即给中共饶平县委来信说:"起义军在江西会昌战斗中缴获大量枪支,可支援你们部分,速派人来领取"。县委得信后,即派县委委员张碧光、刘瑞光带领40多人前往三河坝领取。张碧光等同志领了47支枪回饶平后,县委根据当时的形势,决定立即组织农军攻打饶平县城,以配合三河坝战斗,并把这决定迅速传达到各乡农军,很快组织了一千多人的队伍,于1927年10月4日攻打饶平县城。10月5日天亮时,朱德率领的部分起义军经九村到达饶洋上、下祠一带。朱德根据当时住大陂楼村的县委书记杜式哲的汇报,知道饶平农军正攻打县城。起义军早饭后,朱德即令周士第带领第九军教导团三百多人前往支援农军攻打县城,并命令在打下县城后,即作为先头部队向潮安方向进发。而朱德即率领主力北上进驻茂芝,遇上从潮汕突围出来的第二十军三师教导团参谋长周邦采,被告知潮汕主力部队失败,给部队造成强烈的心理冲击。10月5日上午10点多钟,起义军、农军联合作战半个多小时即攻下县城,敌人夹着尾巴向凤凰山逃跑。

10月7日,朱德在饶平县茂芝全德学校主持召开干部会议,经过热烈讨论,把大家的意见归纳为四条:第一,我们和上级的联系已断,要尽快取得上级党组织的联系,以便取得上级的指示。第二,我们要保存这支军队,作为革命种子,就要找到一块既隐蔽又有群众基础的立足点。湘粤赣边界地区,是敌人兵力薄弱的地方,是个三不管的地带,这一带农民运动搞得早,支援北伐最得力,我们应当以此为立足点。第三,据最新情报看,敌人已从南、西、北方面向我靠拢，我们要从东北方向穿插出去。现在敌强我弱，我军又是孤立无援，所存弹药不多，行动上要隐蔽，沿边界避敌穿插行进。第四，要继续对全军做艰苦的政治思想工作，要发挥党团员、干部的先锋模范作用，坚决扭转对革命失去信心的混乱思想，安定军心，更要防止一些失败主义者自由离队，拖枪逃跑，甚至叛变投敌的严重事故发生。会议否决了少数同志关于解散队伍的提议，然后形成一个决议：部队隐蔽北上，穿山西进，直奔湘南。

### 一点通

茂芝会议坚决反对"解散部队各奔前程"的"散摊子"思想，作出了"隐蔽北上，穿山西进""直奔湘南"的重要决策，树立了革命信心，保住了"八一"起义旗帜，保住了武装斗争火种。

### ★ 历史现场二 三饶镇

## 中共饶平县支部旧址

### 看今朝

中共饶平县支部旧址位于饶平县三饶镇林氏宗祠。该祠堂始建于明万历元年（1573），2002年和2010年重修。坐南向北，二进，面阔16米，进深26米，总面积416平方米，有照壁，石鼓，硬山顶，黄琉璃瓦屋面，木瓜抬梁构架。2011年4月被饶平县人民政府公布为县级文物保护单位。

### 思往昔

　　1924年后，饶平县的工农运动和学生运动迅猛发展。1925年上半年，在广州、汕头、潮州等地读书的饶平籍学生林琼璜等人，已在外地加入中国共产党，先后回到县里领导工农运动。12月，中共潮梅特委诞生，为饶平县党组织的成立创造了更有利的条件。1926年1月，中共饶平县支部在饶城邱厝祠一侧的林氏宗祠成立，支部党员有林琼璜、黄世平、杨沛霖、林逸响、詹天锡、詹宗鲁等6人，支部书记林琼璜。中共饶平县支部成立后，支部成员分赴各地积极开展工农运动。四五月间，中共汕头地委派杜式哲到饶平发展党团组织，在林琼璜、黄世平的协助下，至6月，全县党员由原有6人增至18人。1926年下半年，中共饶平县支部在工农运动中又吸引一批优秀骨干入党。余登仁、詹前锋先后从上海、北京回乡，张碧光受上级派遣来饶，参加支部工作。至10月止，全县党员已由

中共饶平县支部旧址（图片来自饶平县人民政府网）

上半年18名增至78名。11月，根据上级指示，在饶城成立中共饶平县部委，书记林琼璜，下辖新丰、九村、龙潭角、茂贝、饶城、浮山、黄冈7个党支部。

### 一点通

饶平的工农运动和学生运动发展迅猛，为饶平创建党组织提供了良好的组织条件。饶平籍进步青年返回饶平，返回饶平县领导工农运动，在潮梅特委的领导下，中共饶平县支部成立，为饶平的革命提供了坚强有力的领导。

## ★ 历史现场三 海山镇

### 长征干部李沛群纪念馆

#### 看今朝

李沛群（1908—1991），广东饶平人，1926年2月加入中国共产党。长征干部李沛群纪念馆位于饶平县海山镇隆西居委李氏宗祠，占地面积约637平方米，主体建筑面积约312平方米。1996年12月，纪念馆由海山镇委、隆西居委和部分离退休干部筹建。纪念馆主要介绍李沛群的革命生平和革命事迹，目前已成为当地开展革命传统教育之地。2009年9月成为潮州市爱国主义教育基

长征干部李沛群纪念馆内李沛群雕塑

地，2016年6月饶平县人民政府公布为县级文物保护单位，2019年10月中共饶平县委组织部将其列为党员教育培训示范基地。

## 思往昔

李沛群于1927年12月作为广州工人赤卫队第二联队第六大队党代表参加了广州起义。1928年3月，他任中共广东省委交通员、中共中央交通局闽西和永定交通大站主任，曾为红色地下交通线的安全运行作出了卓越贡献。

### 聆听周恩来关于形势的报告

1931年12月21日下午，周恩来到达闽西汀州，和罗明、省委组织部长李明光、省委宣传部长郭滴人在当晚就开了碰头会。第二天上午，周恩来出席了省委常委会议，晚上召开机关干部大会，请周恩来作报告，李沛群主持会议。

周恩来的报告内容，对国际国内两个形势、白区斗争情况、苏区任务和斗争策略等方面进行了介绍。大家对于"九一八"事变带来的新时局很关注。尽管天气冷，会场条件差，但大家很认真地聆听。报告讲了七八个小时，直到翌日凌晨两点多钟。李沛群安排伙房烧了一大锅粥当作夜宵，周恩来和大家一起喝粥。周恩来一边喝粥，一边继续为大家讲解时代局势的新情况。在周恩来的讲解下，大家对国内外局势有了更清晰的认知。

### 护送周恩来进苏区

李沛群当时担任中共中央交通局闽西和永定交通大站主任，他安排肖桂昌、陈彭年前往上海护送周恩来到汕头。周恩来到汕头时，住在金陵旅社，因楼梯拐角处挂有1925年汕头各界欢迎黄埔学生军大会的相片，因此立即转移到棉安街小旅店住宿，该旅店为镇守潮汕的国民党军队独立第二师师长张瑞贵秘密开设的，当局不敢前来查夜。后来，又到一个由中共中央交通局直接领导的绝密交通站住了一晚。

前往苏区路段，肖桂昌和小黄（交通员）负责护送周恩来坐火车到潮安。他们购买的是二等座，上车后发现二等座车厢只有他们三人，为了不引起特别注意，他们马上挤入三等座车厢。但是，火车上的检票员居然是在东征时期曾经向周恩来请示过工作的青年，周恩来为了避免麻烦，将帽檐拉低，转脸望向窗外。检票员要求他们到二等座车厢就座，他们应付了一下就蒙混过关，虚惊一场。到潮安吃过午饭，乘船前往大埔，在青溪上岸，连夜赶到多宝坑小站，翌日又翻山越岭到达铁坑小站，白天睡百姓家里，晚上由向导和驳壳枪队带路，走到闽粤交界处，由当地的邹清仁带路，越过闽粤边界，到达永定县边境的桃坑交通小站，在一个一个交通小站（每隔二三十里一个）的接力护送下，终于到达闽粤赣省委所在地——汀州。

### 一点通

李沛群在苏区时期，主要负责闽西交通工作，在上海—广东（汕头、梅州）—福建（汀州）这条秘密交通线上，秘密护送过周恩来等中央领导同志的往返，为革命根据地之间人财物信的安全运送起到了独特的作用。

# 龙川县

# 历史背景

Lishi Beijing

龙川县地处粤东北，在东江与韩江的上游。1925年，东征军到来，随军的政治部工作队宣传马克思主义，宣传以国共合作为基础的国民革命统一战线，东江各地的党团组织蓬勃地建立和发展起来。

1925年10月，第二次东征开始，共产党员黄觉群、曾培霖和国民党员张重耳等10余人，以国民党广东省党部特派员身份，领导和开展龙川国民运动。曾在法国勤工俭学的邹世俊（周恩来好友），受周恩来指派，以东征军总政治部社会科特派员身份回乡开展工农运动。11月，黄觉群、黄天泽秘密地将黄日出、杨复生（杨福生）、黄鸿良、黄伯隆、邓国章、黄自强、陈增翼、罗一如（女）等发展为中国共产党员，并在龙川县城戴家祠创立了中共龙川县特别支部委员会（简称中共龙川特支），由黄觉群担任特支书记。共产党员和共青团员一般都以个人身份加入国民党，并且以农运特派员、国民党党部筹备员、农民协会职员等公开合法身份开展革命工作。

在龙川特支的积极协助和大力推动下，农民运动基础较好的县城（第一区）、鹤市（第三区）、车田（第十区）于1925年12月底，成立了区农民协会。第一区农会成立当天，四甲、坪田、上蒙、梅村、东瑶、塔西、城厢等乡村2000多人会集县城进行热烈庆祝。在成立大会上，提出了"一切权力归农会"的口号。在农会政权的号召下，各村纷纷组织农民自卫军，接管旧政权，有效地推动了全县农民运动的迅猛发展。

1926年初，国民党龙川县县长陈逸川与县党部执委、国民党右派张重耳相勾结，借口县署经济拮据，将每月下拨的农运经费予以截留，致使刚刚兴起的龙川农运工作困难重重。龙川特支与陈逸川等进行坚决斗争。黄觉群等以国民党龙川县党部名义，向广东省农工厅等单位控告陈逸川贪赃枉法、吸食鸦片等十大罪行。师生排练了话剧《烟长末日》（谐音"县长末日"），在县城学宫门前广场公演了数晚。因此，陈逸川下令逮捕饰演剧中人的师生和组织策划者，同时还向驻老隆的总参行营胡谦部告状，诬陷黄觉群等9人为陈炯明的余孽。3月29日，胡谦与陈逸川一起乘全县各校师生代表会集川中开会成立龙川县联合会之际，指令驻军包围川中和县党部，将川中副校长张镇江、县学监戴凤章逮捕入狱，再迁怒于学生谢汝尧、县教育局长黄国俊、区长徐序东和四名县武装队员，把他们抓去审讯，并下令通缉黄觉群、黄林祥，还逼散川中师生，以便胡谦部进驻川中校舍，制造了骇人听闻的"戏狱冤案"。

这是龙川特支建立后，国民党右派首次发动向共产党人的进攻。龙川特支紧密团结国民党左派人士和一切革命分子，印发《告全县人民书》《声讨陈逸川檄文》，向县内外有关方面寄发。广州龙川留省同乡会获悉陈逸川反革命事件后，于4月1日电告汕头的东江各属行政委员公署行政委员周恩来、第三纵队队长程潜及驻老隆行营的胡谦，要求陈逸川释放被捕人员和撤出强占川中校舍的驻军。4月20日，龙川留省各界400余人在广州东园集会，向省府机关请愿，还得到了旅省的梅县、兴宁同乡会的声援。4月下旬，由东江各属行政委员公署下令，将陈逸川撤职查办并释放全部被捕人员，至此，龙川特支与陈逸川的斗争宣告胜利结束。

1926年5月，龙川县国民党党部改组后，共产党人仍占大多数，龙川工农运动成愈演愈烈趋势。为了与国民党省部整党要求相呼应，县城、老隆、鹤市、军田等地的地主、豪绅与老隆的资本家相互勾结，公开向县农会、县总工会发难。鹤市区的地主还组织了"富户团"，公开对抗"二五"减租，老隆资本家组织"商团"武装对付工人运动。最后，黄觉群离开县城后，助长了龙川国民党右派的嚣张气焰。

面对国民党的反共浪潮，龙川特支决定与之进行针锋相对的斗争，保卫工农运动成果。龙川特支和县农会指令各区、乡农会，坚决贯彻执行"二五"减租等各项决议。由农会会员佃耕的土地，如地主不减租则索性不交租，或将顽固的地主抓来农会训话、斥责、罚款，勒令其写忏悔书等。同时，扩大农军组织，加强武装巡逻，随时反击右派的反攻倒算。

1927年11月，海丰县苏维埃政府成立，受此影响，龙川欧江地区的高塘角、彭埔、斜口、连屋、三中排于12月上旬联合成立了仙寨乡苏维埃政府，主席黄伯隆。

　　五兴龙武装力量在中央苏区关怀下，不断发展壮大，给国民党反动派以重大的打击。1929年到1930年，先后同国民党反动派战斗达几十次。特别是龙川廻龙大塘肚村，从1929年6月到1930年底的一年多时间里，经历大小战斗24次，打退了敌人5次较大规模的进攻。1934年冬，蔡梅祥奉罗屏汉的命令亲自部署烧了岑峰炮楼，受到赣南军区的通报表扬。刘伯承、罗屏汉高度赞扬兴龙群众的英勇斗争。中共苏区中央局机关报《红色中华》先后两次对赣南红军进军、进迫龙川，赣南地方武装在龙川上坪附近截获粤敌的情况作了报道。

　　据不完全统计，龙川人民在土地革命战争时期先后有251人牺牲。其中，遭国民党反动派杀害的有共青团两广区委书记、中共赤龙铁区委书记、农会主席等122人，在江西中央苏区战斗中牺牲的革命烈士61人，在龙川大塘肚战斗中牺牲的有10人，在兴宁大坪、大龙田等战斗中牺牲的有13人，在龙川南水战斗中牺牲的有7人，在龙川茶活战斗中有18位赤卫队员与国民党反动派作战三昼夜，最后弹尽粮绝葬身火海。这些烈士，谱写了一曲惊天地、泣鬼神的英勇献身于中华民族解放的悲壮凯歌。

# 参观建议

Canguan Jianyi

**出行路线**

佗城镇—鹤市镇—廻龙镇—细坳镇

### ● 出行建议

　　早上8点自驾从龙川县人民政府出发，8点50分左右到佗城镇四甲村，1小时左右参观龙川县苏维埃政府纪念馆。10点左右出发前往鹤市镇老街，11点抵达，参观武装暴动旧址，在此处吃午餐。14点从鹤市镇出发，14点40分左右抵达廻龙镇大塘肚村，参观闽粤赣边五兴龙县苏维埃政府旧址，住宿廻龙镇。第二天早上8点自驾从廻龙镇出发，9点30分左右抵达细坳镇小参村，参观中央苏区运输食盐仓储旧址。午饭后返回龙川县城。

# 情况介绍

Qingkuang Jieshao

 **历史现场一** **佗城镇**

## 龙川县苏维埃政府纪念馆

### 看今朝

佗城镇四甲村上印寨的龙川县苏维埃政府旧址，在土山顶上。二进院落式布局，坐东向西，面宽16米，进深15米，建筑面积240平方米。1986年被公布为龙川县重点文物保护单位。2009年，龙川县委、县政府拨款在原址重建，修缮了部分旧址房屋，重刻碑文，新建一道碑林墙，修复练兵场、马栏等革命旧址。馆内陈列革命历史资料、文物，黄克烈士半身铜像。2010年被列为河源市爱国主义教育基地。

龙川县苏维埃政府纪念馆

### 思往昔

1927年4月12日，中共龙川特委、县农会等的主要骨干从当时的县城佗城转移到四甲，四甲成为整个龙川县红色革命的中心，特别是苏维埃政府和武装成立后，四甲成为反动势力重点"围剿"的地方。1928年春，龙川青年黄克在投身广州起义后，奉广东省委之命回乡坚持革命斗争。他回到龙川后，改选中共龙川特支，并任书记。2月至3月，在四甲上印寨召开附近乡农会、县农会和农民自卫军代表大会，成立龙川县苏维埃政府，黄克被推选为县苏维埃政府主席，下设财政、宣传、农运和军事四个大部。龙川县苏维埃政府成立的同时，将四甲、坪田、鹤市、通衢、登云和黄布的革命武装合编为东江工农革命军第一军。根据上级指示精神，配合中共东江特委"年关大暴动"的计划，迅速组织发动了鹤市武装暴动。1928年3月，反革命武装分五路向四甲进军，战斗进行得异常激烈。敌人进入四甲上印寨后，红区成为一片火海，众多革命人士和拥护苏维埃政权的农民被杀害。3月24日，黄克在前往紫金向上级党组织请示工作的归途中被捕，并于4月11日在县城南门惨遭杀害，年仅23岁。

### 一点通

龙川县苏维埃政府强有力整合了本县各地工农武装力量，把分散的力量聚合在一起，并在战略上成功配合了中共东江特委年关大暴动计划，领导工农群众夺取政权，对周边苏维埃政府具有示范的推动作用，总体上激励、推动了苏维埃政府的革命工作。

## ★ 历史现场二　**鹤市镇**

### 鹤市武装暴动旧址

#### 看今朝

2011年，龙川县人民政府在鹤市镇街口建立"鹤市武装暴动"雕塑。

"鹤市武装暴动"雕塑

#### 思往昔

1928年春，龙川县苏维埃政府和东江工农革命军第一军成立后，为配合东江地区"年关大暴动"计划，3月上旬进军鹤市，举行首次武装暴动。9日晚，工农革命军编队400多人在坪田分水坳誓师出发，黎明前抵鹤市附近埋伏。凌晨5点，工农革命军总指挥黄克下进军令，农军乘夜色涉水冲过桥头，在街上与敌展开枪战。黄克率队冲入敌区署，坐镇鹤市的县警大队长黄雨生在枪战时借机潜逃。战斗结束后，农军张贴东江工农革命军第一军的布告与标语，鼓励商店开门营业，将缴获的粮食分发给附近农民。10日上午，黄克获悉因传达暴动命令的钟彪被抓，机密泄露，其他农民编队接应受阻，深感孤军无援，随即下令全军退出鹤市。

### 一点通

鹤市武装暴动是中共龙川特支坚决贯彻执行中共广东省委、东江特委关于举行"年关大暴动"的指示而进行的一次工农革命武装斗争，是东江武装大暴动的重要组成部分。虽然暴动未取得成功，但它配合与支援了东江各地的武装暴动斗争，有力地打击了敌人的反革命嚣张气焰，开创了中共龙川组织领导工农群众武装夺取政权的先河。

## ★ 历史现场三 廻龙镇

### 闽粤赣边五兴龙县苏维埃政府旧址

#### 看今朝

闽粤赣边五兴龙县苏维埃政府旧址位于龙川县廻龙镇大塘村大塘肚（钟屋），2011年，按照原貌进行了修缮，2020年7月全面升级改造。旧址为清代客家方形屋，坐东向西，二进三横（左二横），正屋上三下三布局，土木结构，灰沙夯墙基土砖墙体，硬山

闽粤赣边五兴龙县苏维埃政府旧址（刘凯华提供）

顶，灰瓦屋面，灰沙地面。陈列布展总面积约920平方米，分为五兴龙苏区革命历史展和廉政教育主题展两个部分，采用声、光、电等形式，配有图文、音像、实物模型、场景复原等辅助展品，全方位、多角度、立体化再现了革命先辈的峥嵘岁月和波澜壮阔的历史画卷。

### 思往昔

1929年，中共东江特委派巡视员刘琴西于一二月间，在叶卓、

闽粤赣边五兴龙兵工厂旧址（县苏维埃政府旧址旁）

罗屏汉陪同下，多次勘察廻龙大塘肚，兴宁二架笔、双头山等地的地形，最终确定大塘肚为三县革命中心根据地。1929年3月初，在东江特委巡视员刘琴西的具体指导下，五华、兴宁和龙川三县工农兵代表大会在大塘肚召开，出席代表80余人。大会通过成立闽粤赣边五兴龙县苏维埃政府，选举曾不凡为县苏主席，潘火昌为副主席，罗屏汉、胡燧良、古汉忠、罗文彩、蓝素娥（后增补）为常务委员。

### 一点通

以大塘肚为中心的五兴龙苏维埃政府是在土地革命战争时期的中共东江特委辖区内，继1927年11月成立的海陆丰苏维埃政权后，又一个联县苏维埃政权。

## ★ 历史现场四 细坳镇

## 中央苏区运输食盐仓储旧址

### 看今朝

旧址位于龙川县细坳镇小参村，为李氏其昌公的老屋——龙井屋。占地面积约3000平方米，先后于2010年和2013年按原貌进行修缮，2014年被认定为县级文物保护单位、河源市爱国主义教育基地。

### 思往昔

1924年，在广州读书的龙川细坳镇小参村人李云山，受到广州大革命浪潮的影响，返回家乡组织了小参村农民协会，并发动穷苦农民开展了"二五"减租减息活动，与地方土豪作斗争，带动了细坳周边地区农民运动的开展。

1929年至1933年间，受革命影响的李云山、李绍

中央苏区运输食盐仓储旧址

文等人秘密联系苏区（安远）红军，按照苏区党组织的指示，李云山、李绍文等人组织了送盐队，并以小参村龙井屋为食盐的仓储地，再从此转运食盐等生活物资到苏区革命根据，持续时间长达两年多。

1933年下半年，李云山、李炳文、李昆林等人在三溪口装运食盐时被捕，龙井屋被查封，私藏的食盐被抄扣，数十人被关押在屋内一个星期，致几名小孩被活活饿死。一个星期后，把守的敌人才从龙井屋撤退，在走之前敌人还警告屋里的人不准把门打开，否则全屋的人都没好下场。此后，龙井屋的人在一年的时间里都是从一个小洞口出入，直到全部敌人撤离小参村。

## 一点通

土地革命时期，龙川是东江革命根据地到中央苏区的必经之路，是连接两根据地之间的一座桥梁，地理位置十分重要。据统计，在中央苏区反"围剿"期间，龙川贝岭几乎每天都有百十石食盐分四路从细坳、和平等处运往赣南，为中央苏区运送食盐不下3000吨，积极支援了中央苏区建设。

南雄市

# 历史背景
Lishi Beijing

1925年12月，共青团南雄特支成立。1926年，5月1日，南雄县总工会和南雄革命青年会成立。6月，中共南雄县支部成立，7月，南雄县农民协会筹备处成立，同年秋成立了中共南雄县特别支部，接着又成立妇女解放协会和中国济难会南雄分会等许多革命团体。同年冬，召开了南雄县第一次农民代表大会，宣告成立南雄县农民协会。

1927年"四一二"反革命政变后，南雄城乡团防局局长卢焜纠集商团武装力量，封闭了县总工会、县农民协会、妇女解放协会南雄分会。国民党下令通缉曾昭秀、陈召南、卢世英等共产党员和革命人士50余人。

5月上旬，中共南雄特支召开紧急会议，决定党组织立即转入地下活动，坚持革命斗争。曾昭秀等人因遭到通缉，离开敌人容易控制的地方，秘密进入农村发展农会。

1927年11月，朱德率领的南昌起义部队800余人整编成团，朱德任团长，陈毅任团指导员，他们率领部队过境南雄，留下九条枪给南雄县委。南雄县委根据八七会议精神、朱德指示，开始筹建赤卫队，为武装暴动作准备。1927年12月1日，中共南雄县委成立，经过周密调查和部署，准备于15日对卢焜等人进行宴请诱杀。他们以学生会的名义，邀请县党部改组派清党人士卢焜、黄逸平和黄仁山等人前往"美香馆"欢宴。事先安排好敢死队员在宴请地埋伏，趁他们酒足饭饱之时将他们刺杀。其中，黄仁山侥幸逃脱，并通风报信成功。国民党县政府立即出兵包围"美香馆"，但此时的敢死队员已经安全撤出。卢焜被杀事件轰动南雄，其兄卢煌将仇恨宣泄在了曾昭秀的家乡。12月底，卢煌率领一支100多人的反动武装，避开南雄城，来到曾昭秀的家乡湖口曾屋村，见人便杀，当场将曾广运、曾连生、曾春林、曾荣生、曾北斗5人枪杀，捉走曾昭秀的邻居和亲戚4人，最后纵火焚烧了曾屋村。被抓的4人，在曾氏宗族（借枪支给卢煌）的干预下，在缴纳了"赎金"后被释放。

1927年，南雄遭遇洪灾，农村出现饥荒。农民开始闯入地主家"吃大户"，中共南雄县委抓住这一时机，号召农民举行武装暴动。

1928年2月12日，新组成的县委在珠玑镇灵潭村鸳鸯围召开紧急会议，在赣南特委梁明赤、南昌起义部分人员的协助下，举行全县武装大暴动。18日，南雄县苏维埃政府在黄坑宣告成立。

1928年3月，陈学顺派一个营的兵力进驻珠玑巷，作为先锋队。其时，县苏维埃政府及各区、乡苏维埃政府组织2万多名群众，手拿长矛、大刀、锄头、木棍，配合赤卫队，浩浩荡荡开往珠玑，把敌人包围于祗芫十里岭予以痛击。在激战中，敌警卫队一小队10多人投降。珠玑巷之战，是南雄县苏维埃政府保卫战中的第一场战斗。

珠玑受挫后，陈学顺贼心不死，纠集谢伯英民团、黄乐之商团，国民党始兴县县长黄燊也派始兴民团前来支援，敌共有2000多人，于3月13日进攻县苏维埃政府驻地——上朔村。苏维埃政府组织上朔及附近乡村的赤卫队，与敌人激战一天后不支而退走，上朔村被敌攻陷，40多名革命群众壮烈牺牲，几百间房屋被烧毁。

上朔村被民团攻陷后，赤卫队员退居篛过村。该村三面环水，较容易坚守。他们一来到该村，即联系上农会，开始广泛发动群众和民团斗争。该村的农民自卫军60多人（1926年6月成立农会）和抗暴队成员共100多人，40多支火枪。在进村的四条巷口各架一门土炮，配若干土枪、火枪对付敌人的冲锋，另外，在该村周围道路上挖了不少陷阱。敌人一次又一次进攻，赤卫队员浴血奋战，打退敌人的10余次冲锋，伤敌30多人。鉴于无后勤补给，3月16日晚，赤卫队员趁着洪水暴涨撤出篛过村。

水口镇篛过村被敌人攻破后，革命力量分散为两支隐蔽进行斗争。一支以县委书记曾昭秀为主，率领苏维埃政府成员突破重围，后来在江口乡与交界的江西全南县社迳乡之间分散而隐秘地进行斗争，曾一度在社迳乡组建党支部，联合赣南红军第二十一纵队继续与国民党斗争。另一支以县委委员陈召南、彭显模、周群标等人为主，于1928年6月组成临时县委，陈召南为临时县委负责人，在油山坪林村聚集，在油山开展游击战争。后获得北江特委指示，重组了南雄县委，陈召南任县委书记。南雄县委注重加强自身建设，在游击区恢复了第二、第三、第五、第六区委，并恢复了10余个党支部，至1929年7月，党员增至550多人。

　　1929年10月，陈召南率领部队转移到江西大余县隐蔽，因叛徒陈宝俚出卖被捕，于11月3日英勇就义。

　　1929年至1932年，毛泽东、朱德、陈毅、彭德怀、滕代远、邓小平等曾率领工农红军多次到南雄进行革命活动。1930年，南雄县划归中央苏区管辖，南雄的游击战争迅猛发展。1932年7月，毛泽东等率红军主力与国民党粤军激战于南雄水口，史称"水口战役"。1934年10月，红军长征后，成立中共赣粤边特委和赣粤边军分区，李乐天（南雄人）任特委书记兼军分区司令员。1935年三四月间，项英、陈毅、陈丕显来到赣粤边的南雄油山与李乐天、杨尚奎、刘建华等会合，开展了艰苦卓绝的赣粤边三年游击战争。

# 参观建议

Canguan Jianyi

出行路线

油山镇—珠玑镇—水口镇

● 出行建议 ━━━

　　早上8点从南雄市城区出发，9点10分左右抵达，到达油山革命根据地考察，中午在油山镇吃午餐。14点出发，15点左右抵达珠玑镇灵潭村，走访鸳鸯围。16点出发去参观水口战役纪念公园，漫游公园，细看纪念馆。18点返回南雄市城区。

# 情况介绍
Qingkuang
Jieshao

★ 历史现场一 **油山镇**

### 油山革命根据地

#### 看今朝

　　油山位于粤赣交界处。1962年，为纪念红色名山油山，将油山从黄坑公社析出，称"油山人民公社"。2001年，油山与大塘镇合并时，取名"油山镇"，治所为大塘圩。

#### 思往昔

　　油山，是一座著名的革命山峰。1928年2月，中共南雄县委领导农民暴动取得胜利，建立了南雄县苏维埃政府。一个月后，敌人发起进攻，县苏维埃政府

驻地上朔村被攻陷及红色堡垒篛过村被占领后，被打散后的赤卫队在县委委员陈召南（湖口矿石村人）、彭显模（油山上朔村人）的率领下，走上油山打游击。彭显模是油山人，赤卫队员也有很多油山人，有了家乡的支持，有了油山的庇护，这里就成了革命根据地，红色的火种就能一直保存下来。所以，1929年以后，彭德怀曾率红五军到过一次南雄，毛泽东、朱德曾率红四军两次到南雄，都与南雄党组织在油山建立革命根据地。1935年，项英、陈毅从瑞金突围后，来到广东南雄油山，在油山、北山一带，领导了艰苦卓绝的赣粤边三年游击战。

### 一点通

赤卫队员在油山创建革命根据地并打起游击战，并策应了毛泽东、朱德、彭德怀率兵进入南雄。油山革命根据地在南雄革命史上占据重要地位。

油山革命纪念碑

### ★ 历史现场二 珠玑镇

## 灵潭鸳鸯围农民暴动策源地

### 看今朝

　　鸳鸯围位于南雄市珠玑镇灵潭村，鸳鸯围建于清代咸丰年间，围楼的建筑面积约7500平方米，次围楼与主围楼之间相隔100多米。鸳鸯围是由主、次两座围楼，用围墙连接起来的建筑群，围楼里面设城楼，城门与城墙全部用花岗石砌成。围墙上设有枪炮眼，为御敌之用。灵潭村的红军标语于1982年被南雄县人民政府认定为县级文物保护单位。1993年5月南雄县人民

南雄鸳鸯围

政府在珠玑镇灵潭村口立下一块石碑，记载了这段南雄革命历史。

### 思往昔

　　1928年2月12日，中共南雄县委在鸳鸯围召开紧急会议，曾昭秀、陈召南以及赣南特委梁明赤和参加南昌起义人员陈夷坚、张仁、吴志英等共同参加了会议，根据八七会议精神、广东省委关于"南雄等县应极力发展暴动"和北江特委关于"必须号召群众爆发大规模的暴动，深入开展土地革命，形成象海陆丰一样的割据局面"指示，决定2月13日在全县举行武装大暴动。县委书记曾昭秀在会上对武装暴动中各赤卫队的进攻任务作了部署。2月13日晚上，全县各地赤卫队于当晚8时同时举行武装暴动，人数最多时共有3万余人参加。第五天后，暴动取得了决定性胜利，建立了县级红色政权——南雄县苏维埃政府。南雄农民暴动震惊了国民党当局，他们随后进行了镇压，放火烧了当时中共南雄县委召开紧急会议的阁楼。

### 一点通

　　灵潭村鸳鸯围具有城堡的功能，便于隐蔽、防守和攻击，在南雄革命遭遇紧急形势的时候承担过召开重要会议的使命，也因此招致被国民党纵火的悲惨命运。鸳鸯围在革命过程中起过重要的节点作用，为南雄革命作出过特别贡献。

## ★ 历史现场三 水口镇

### 水口战役纪念公园

#### 看今朝

水口战役纪念公园位于南雄市东南方向水口镇，于2004年3月建成，9月被南雄市委、市政府命名为"南雄市爱国主义教育基地"，中央军委原副主席张震将军为红军烈士雕像题词"水口战役英勇牺牲的红军烈士永垂不朽"。2015年10月，水口镇党委、政府

水口战役纪念公园大门

水口战役纪念公园

积极向民政等有关单位争取资金、政策，共筹集资金31万元重建红军烈士雕像。

### 思往昔

1932年7月7日，粤军第四师由赣南信丰抵达乌迳，陈济棠命令他的第三、第五师由韶关增援南雄，粤军企图南北夹击红军部队。红一方面军总部当即"命令聂荣臻和林彪指挥一、三军团和十二军，准备歼灭南雄出犯之敌，命令五军团和独立第三、第六师负责歼灭敌第四师"。7月8日，向乌迳行进的红五军团发现粤军第四师由浈江南岸向水口方向逃窜，随即改变行军计划，命令部队向水口堵击。8日下午1点，两军在水口以东的篛过村遭遇。水口战役正式打响，成为红军第四次反"围剿"战争的前哨战。由于红五军团的兵力优势，粤军的两个团很快被击溃，粤军第四师退守水口圩等待救援。此时，红五军团误以为退守水口的粤军已向南雄方向逃窜，于是红一方面军总部改变了增援计划，导致红一军团和第十二军的增援部队没有及时赶到水口。7月9日，余汉谋命令粤军第四师原地等待救援，同时命令粤军独立第三师和独二旅立即由南雄赶赴水口增援。9日中午，粤军的援兵与第四师会合，"红五军团将敌10个团错当4个团来打，结果遭敌反扑"，红五军团处于劣势，战斗打得异常激烈，红军伤亡惨重。在危急时刻，"好在陈毅同志领导的江西独立第三、第六师及时赶到，才稳住战局"。9日下午，红一方面军总部紧急命令红一军团和第十二军赶赴水口增援第五军团。7月10日黎明，红一军团和第十二军在毛泽东的率领下，从中站、里东、邓坊等地出发，赶赴水口战场。毛泽东、林彪、聂荣臻一起到了设在水口桥北侧的红五军团指挥所，与红五军团和独立第三、第六师会合。毛泽东听取了红五军团总指挥董振堂和政委萧劲光的汇报，亲自观察阵地，当即作出战略部署："红五军团第十三军和江西军区独立三师担任正面进攻；红一军团和红五军团第三、第十三军及江西军区独立六师由左翼向敌之右翼进攻。"浈江两岸的红军一齐向敌人发起猛烈攻击，水口战场硝烟四起。经过几个小时的激战，红军共击溃粤军15个团，迫使粤军向南雄方向溃逃。至此，视为中央苏区第四次反"围剿"前哨战的水口战役结束。

### 一点通

水口战役是第三次反"围剿"之后的重要战役，是中央红军在南雄展开的一次重要斗争，击溃了来犯的国民党粤军，并稳定了中央苏区南翼，对中央苏区的发展壮大有积极意义。